正しい
目標管理
の進め方

成果主義人事を乗り越える
職場主義のMBO

中嶋哲夫 Nakashima Tetsuo

東洋経済新報社

太陽のことば

誰でもが太陽であり得る
わたしたちの急務はただただ
眼前の太陽を追いかける
ことではなくて
自分らの内部に高く
太陽を掲げることだ

（島崎藤村）

はじめに

　この本は、良い職場をつくるために日々努力をされている、管理者や職場の皆さんのための本です。次のようなことを理解し、目標管理を正しく実践していただくことを願って書いています。

1. 目標管理は良い仕事をするための考え方と方法であり、単なる評価手続きではない。
2. 良い職場をつくるための出発点は、良い職場目標を共有することにある。
3. 職場のなかでお互いの役割を工夫・改善することが働く人々の成長を生み出し、それが成果に繋がる。
4. 職場は人々の共有資産であり、職場のマネジメントは職場の全員で担うことが望ましい。

　目標管理と言えば、個人目標を設定し、その達成度を上司が評価するというイメージが強いと思います。しかし、この本では、個人目標について議論するまえに、職場マネジメントのあり方として目標管理をとらえることを強調しています。その上で、筆者が実践のなかで磨いてきた考え方と実務ノウハウをお伝えします。

　本を読むに当たっては、6〜7頁に「この本の全体構成」を示しておきますので、関心の強いところから読み始めていただくとよいでしょう。基礎となる考え方と実務のハウツーを同時に学んでいただけると嬉しく思います。

　　2015年1月

　　　　　　　　　　　　　　　　　　　　　　　中嶋哲夫

この本の使い方

　この本は、見開きで構成されています。左頁には基本として理解していただきたいことを書いています。右頁にはその内容を図表やマンガで表現したり、一歩進んだ考え方を述べたりしています。つまり、左頁の本文と右頁の図表、マンガ、チェックリストを活用して、理解を深めつつ実践をしていただきたいと考えています。実践のなかで、「なぜ、ここが大切なのだろう」と問題意識を持たれたら、右頁のコラムを読んでみてください。一歩理解が深まるはずです。また、コラムにはなるべく参考図書名を挙げています。より詳しく学習したい方は、それにも目を通していただけるとよいと思っています。また、各章末には、皆さんに知っていただきたいおまけの情報を書いています。気が向けばお読みください。

　この本は、職場の皆さんがいっしょに読んでくださることを願っています。職場のみんなで考え方を共有し、目標管理に取り組んでいただきたいのです。このため、最もお薦めしたいことは、まわし読みです。読んだ方が下線を引いて次の方にまわす。そうすれば、考え方の共有が進むと思います（1冊ずつお買い上げいただくと、筆者も出版社もよりありがたいのですが（笑））。

　この本は頁の順に読む必要はありません。関心の強い部分からお読み、実践とともに次の部分を読むという読み方をしてください。「この本の全体構成」を参考に読み進めてください。では。

この本の全体構成

職場主義目標管理の手順

職場主義目標管理のねらいと方法（基本的考え方）

職場主義目標管理が目指すところ

第1章 職場主義の目標管理

1. 成果主義人事の落とし穴
2. 職場は競争力をつくる現場
3. 職場は情報が融合する場
4. 職場は安定感と学習の源泉
5. 職場は仕事のインフラ
6. 職場は共有資産
7. 職場主義の目標管理
8. 存在理由に見合った成果
9. 仕事の再編成と学習
10. 自律と協働——連帯的個人主義

●職場の健康診断

職場主義目標管理の方法

第2章 職場主義目標管理の特徴

11. マネジメント機能を分かち合う
12. 職場主義目標管理の特徴
13. 職場目標から出発する
14. 達成イメージ（状態）で目標をとらえる
15. 目標項目と目標レベルの利用
16. 役割を形成する
17. 情報共有のミーティング
18. 自己評価を重視する
19. 対話による統合
20. 段取りを重視する

第3章 職場目標の設定

21. 目標設定の手順
22. 職場目標の設定手順
23. 職場への期待を受け止める
24. 職場の存在理由を考える
25. 職場を取り巻く状況を評価する
26. 職場の任務を決める
27. 目標項目を考える
28. 目標レベルを考える
29. 職場目標設定とミーティング

上司 30. 職場目標設定と上司の役割

記述例
- ●職場使命の熟考の記述例
- ●職場目標書の記述例

- ●職場使命
- ●職場目標

第4章 役割の形成

31. 役割＝職務分担＋職場での動き方
32. 職場での役割の類型
33. 役割の形成と固着
34. 個人から見た役割
35. 役割の決め方
36. 役割形成ミーティング（標準型）
37. 役割形成ミーティング（職場開発型）
38. 役割形成ミーティング（大人数職場の簡便法）
39. 役割マトリックスの活用

40. 役割形成と上司の役割

- ●役割マトリックスの記述例

- ●役割マトリックス

第5章 個人目標と進捗管理	第6章 期末のふり返り	人事評価との連動のさせ方
		第7章 目標管理と人事評価
1 仕事の理解を深める個人目標	51 2つの視点からのふり返り	61 人事評価の組立と報酬
2 役割の深い理解と共有	52 職場ふり返りミーティング	62 人事評価の手続き
3 役割に応じた目標項目設定	53 担当者の自己評価	63 評価方法の長短
4 実行計画をひと工夫する	54 進歩度を自己評価する	64 目標管理と業績評価
5 個人目標の設定と上司の役割	55 面談に向けた上司の準備	65 評価力調整会議の進め方
6 3種類の進捗管理	56 上司と部下の面談	66 二次評価以降の調整過程
7 2つのレベルの進捗管理	57 面談の進め方	67 行動評価の考え方
8 PDSとホウレンソウ	58 発展的な対話をつくる	68 行動ガイドの作成法
9 部下の観察とアドバイス	59 ほどほどの満足を心がける	69 評価力調整から人材育成へ
		70 人事評価制度運用の原動力
10 進捗管理と上司の役割	60 ふり返り段階での上司の役割	
● 個人目標書+自己評価書の記述例		● 行動評価書の記述例
		● 行動期待表の記述例
● 個人目標と実行計画	● ふり返り	
● 部下指導		

知恵を育てる目標管理	推進スタッフのために	
第8章 目標管理と能力開発	第9章 目標管理の導入と再活性化	第10章 いろいろな目標管理
1 2つの能力観	81 目標管理の制度と運用	91 大手企業の目標管理
2 仕事を意識化する	82 理解のための基礎的研修	92 中小企業の目標管理
3 能力としての知恵	83 目標管理推進の原動力づくり	93 部門の役割による目標管理の違い
4 仮説検証型の仕事方法としての目標管理	84 組織内での蓄積的展開	94 職務特性による目標管理の違い
5 暗黙知を形式知に置き換える	85 職場ミーティングの支援	95 パートタイマーの目標管理
6 問題解決のモデルと目標管理	86 目標管理の推進方法	96 介護施設職員の目標管理
7 情報の位置づけと主体性	87 目標管理と教育研修	97 協同組合職員組織の目標管理
8 思考の4つの立場	88 目標管理と職場開発	98 病院組織の目標管理
9 メンバーからの学習	89 目標書の諸様式	99 大学職員組織の目標管理
10 職場における情報共有 ——2つの効果	90 記入された目標書の活用	100 公的機関の目標管理

目次

太陽のことば　3

はじめに　4

この本の使い方　5

この本の全体構成　6

第1章　職場主義の目標管理

1 成果主義人事の落とし穴 ·· 16

2 職場は競争力をつくる現場 ··· 18

3 職場は情報が融合する場 ·· 20

4 職場は安定感と学習の源泉 ··· 22

5 職場は仕事のインフラ ·· 24

6 職場は共有資産 ·· 26

7 職場主義の目標管理 ·· 28

8 存在理由に見合った成果 ·· 30

9 仕事の再編成と学習 ·· 32

10 自律と協働──連帯的個人主義 ·· 34

おまけのコラム①　目標管理の３つの力点 ································· 36

第2章　職場主義目標管理の特徴

11 マネジメント機能を分かち合う ·· 38

12 職場主義目標管理の特徴 ··· 40

13 職場目標から出発する ··· 42

14 達成イメージ（状態）で目標をとらえる ······························ 44

15 目標項目と目標レベルの利用（達成状態の明確化）················· 46

16	役割を形成する	48
17	情報共有のミーティング	50
18	自己評価を重視する	52
19	対話による統合	54
20	段取りを重視する	56

おまけのコラム② 生業の里 …………………………………………………… 58

第3章 職場目標の設定

21	目標設定の手順	60
22	職場目標の設定手順	62
23	職場への期待を受け止める（職場使命の熟考①）	64
24	職場の存在理由を考える（職場使命の熟考②）	66
	職場使命の熟考の記述例（販売３課）	68
25	職場を取り巻く状況を評価する	70
26	職場の任務を決める	72
27	目標項目を考える	74
28	目標レベルを考える	76
29	職場目標設定とミーティング	78
30	職場目標設定と上司の役割	80
	職場目標書の記述例（販売３課）	82

おまけのコラム③ 写真自分史 …………………………………………………… 84

第4章 役割の形成

31	役割＝職務分担＋職場での動き方	86
32	職場での役割の類型	88
33	役割の形成と固着	90

34	個人から見た役割	92
35	役割の決め方	94
36	役割形成ミーティング（標準型）	96
37	役割形成ミーティング（職場開発型）	98
38	役割形成ミーティング（大人数職場の簡便法）	100
39	役割マトリックスの活用	102
40	役割形成と上司の役割	104
	役割マトリックスの記述例（販売３課）	106

おまけのコラム④　ヨガからの学び 108

第5章 個人目標と進捗管理

41	仕事の理解を深める個人目標	110
42	役割の深い理解と共有	112
43	役割に応じた目標項目設定	114
44	実行計画をひと工夫する	116
45	個人目標の設定と上司の役割	118
46	３種類の進捗管理	120
47	２つのレベルの進捗管理	122
48	PDSとホウレンソウ（担当者の留意点）	124
49	部下の観察とアドバイス（上司の心得）	126
50	進捗管理と上司の役割	128
	個人目標書＋自己評価書の記述例（販売３課八田課員）	130

おまけのコラム⑤　伝統芸能のエネルギー 132

第6章 期末のふり返り

| 51 | ２つの視点からのふり返り | 134 |

52	職場ふり返りミーティング	136
53	担当者の自己評価	138
54	進歩度を自己評価する	140
55	面談に向けた上司の準備	142
56	上司と部下の面談	144
57	面談の進め方	146
58	発展的な対話をつくる	148
59	ほどほどの満足を心がける	150
60	ふり返り段階での上司の役割	152

おまけのコラム⑥　南大東島 154

第7章 目標管理と人事評価

61	人事評価の組立と報酬	156
62	人事評価の手続き	158
63	評価方法の長短	160
64	目標管理と業績評価	162
65	評価力調整会議の進め方	164
66	二次評価以降の調整過程	166
67	行動評価の考え方	168
68	行動ガイドの作成法	170
69	評価力調整から人材育成へ	172
70	人事評価制度運用の原動力	174
	行動評価書の記述例（販売３課八田課員）	176
	行動期待表の記述例（販売３課柿田課員）	178

おまけのコラム⑦　評価者の負担 180

第8章 目標管理と能力開発

71 ２つの能力観 ································· 182
72 仕事を意識化する ························· 184
73 能力としての知恵 ························· 186
74 仮説検証型の仕事方法としての目標管理 ··· 188
75 暗黙知を形式知に置き換える（定性目標の意味）··· 190
76 問題解決のモデルと目標管理 ············· 192
77 情報の位置づけと主体性 ················· 194
78 思考の４つの立場 ························· 196
79 メンバーからの学習 ····················· 198
80 職場における情報共有──２つの効果 ····· 200
おまけのコラム⑧　行動期待表を用いた研修 ··········· 202

第9章 目標管理の導入と再活性化

81 目標管理の制度と運用 ··················· 204
82 理解のための基礎的研修 ················· 206
83 目標管理推進の原動力づくり ············· 208
84 組織内での蓄積的展開 ··················· 210
85 職場ミーティングの支援 ················· 212
86 目標管理の推進方法 ····················· 214
87 目標管理と教育研修 ····················· 216
88 目標管理と職場開発 ····················· 218
89 目標書の諸様式 ························· 220
90 記入された目標書の活用 ················· 222
おまけのコラム⑨　長時間労働とインプットの目標 ······· 224

第10章 いろいろな目標管理

91	大手企業の目標管理	226
92	中小企業の目標管理	228
93	部門の役割による目標管理の違い	230
94	職務特性による目標管理の違い	232
95	パートタイマーの目標管理	234
96	介護施設職員の目標管理	236
97	協同組合職員組織の目標管理	238
98	病院組織の目標管理	240
99	大学職員組織の目標管理	242
100	公的機関の目標管理	244

おわりに　246

本気　248

第 **1** 章

職場主義の目標管理

多くの仕事は職場のチームによって進められます。従って、職場が成果を上げうるかどうかは、職場チームの協力がうまく成り立つかどうかによります。ところが、成果主義人事では、それを見落として、職場の成果を横に置いたまま、個人の成果に焦点を当てすぎる間違いを犯しました。それが職場のチームワークを阻害し、働く人々の意欲を下げてしまったことが大きな問題となっています。そこで、第1章では、職場の成果とそのマネジメントに焦点を当てた目標管理のあり方を説明します。職場主義目標管理の背景にある考え方を学んでいただきたいと思っています。

1 成果主義人事の落とし穴

　成果主義人事には、職場の成果を忘れて個人成果を追求するという、大きな落とし穴がありました。

職場の閉塞感
　1990年代から2000年代初頭、私たちの職場は成果主義人事の波に洗われました。おおざっぱに言えば、個人目標の達成度を業績評価とし、評価や賃金の格差を広げることによって、個人の努力を引き出そうとした人事です。しかし、それが職場に生み出した結果は、個人プレー優先の行動であったり、無難な目標設定であったりと、必ずしもねらいを達成したわけではないようです。それどころか、地道な努力の積み上げやチームプレーが軽視され、職場に閉塞感が漂う落とし穴に嵌ったようです。

過剰な個人重視
　成果主義人事の落とし穴は「過剰な個人重視」にありました。それはつまり、

①私たちが得なければならない成果は、職場の成果である。

②職場の成果を高めるために、個々人は役割に応じた努力を行う（主役もいれば脇役もいる）。

という事実を忘れて「個人目標の達成度」にこだわったことです。

　仕事をするからには、目的とする成果を挙げることは、当然の責任です。しかし、その成果は私たちが所属する職場の成果（最終的には組織の成果）と結びついている必要があります。

　職場目標と個人目標を結びつける職場のマネジメントのあり方こそが改革を求められているのです。

コラム 1-1

目標達成度は業績たり得るか？

「目標達成度によって業績を評価する」ことが成り立つためには、評価基準にふさわしい目標が設定される必要があります。しかし、それは簡単ではありません。その理由の第1は、設定された個人目標の質がばらつくこと、第2には、期初には予想できなかった環境変化が起こること、第3には、質的な目標の達成度評価が難しいことがあります。これらの困難さがあるため、設定された個人目標の達成度をそのまま業績とすると、職場に貢献した業績ではなく、見せかけの業績を評価してしまうという問題を生み出します。目標管理と業績評価を連動させるためには、3つの困難さを克服するひと工夫が必要です。

2 職場は競争力をつくる現場

　職場について考えます。職場は日々の仕事が進められる場です。つまり、具体的なレベルで企業競争が行われる場所です。適切な課題を見つけ、日々の仕事のレベルを高めて行くこと。その作業の継続が、独自の企業競争力を生み出します。

課題の発見　職場が行う第1の作業は、職場の課題の発見です。通常、2つの要素から課題を探します。1つは経営方針。職場が進むべき方向を示しています。もう1つは、職場を取り巻く状況。こちらには職場の問題や能力が含まれます。2つを考え合わせて、達成可能性がある取組課題を発見します。それが、職場運営の出発点です。取組課題が設定されることによって、それを達成するための手段（日常の仕事のやり方）の良し悪しを考える基準が準備され、その手段を比較検討することが可能になります。

仕事の配分　職場が行う第2の作業は、課題解決にむけて、仕事を担当者に配分する作業です。この段階では、課題の難しさと担当者の能力及び業務の量を考慮して仕事の配分を決めます。このとき、能力ややる気が高い担当者が揃っていれば、それだけ仕事配分の自由度が増加し、逆であれば、自由度が小さくなります。

　課題の発見と仕事の配分、以上の2つが職場のマネジメントの本質です。より高いレベルの課題を見つけること、より効果的な仕事の配分を行うこと、この2つを実践できる職場をつくることが、現場レベルの企業競争力に繋がります。

コラム1-2

職場とは

　この本では、「職場」という言葉を用い、「部門」や「部・課」という言葉を使いません。その理由は、具体的な仕事のまとまりを単位に、物事を考えているからです。「職場」が意味するのは、
①仕事の目的を共有している単位
②対面コミュニケーションが密に行われる単位
です。人数で言えば、4〜10人程度と考えてください。

　この「職場」を繋ぎ合わせていくのが、連結ピンとしての管理者の役割と考えます。従って、組織全体は、管理者が連結ピンとなって職場を繋ぎ合わせてできあがると、とらえています。

（参考　R.リッカート著、三隅二不二訳『経営の行動科学』ダイヤモンド社）

3 職場は情報が融合する場

　職場へは、上位組織から方針が示されます。いっぽう、職場には、現場から発生する情報や担当者の意見も存在します。全社を見る「鳥の目」で見た情報と「虫の目」でとらえた現場の情報、この2つを融合するのが職場です。そのため職場では情報の抽象度を調整したり、情報を組み合わせたりして、新たな情報を創り出す作業が行われています。

方針の具体化
　上位組織からおろされる方針や指示は、組織全体に通用する抽象度で表現されています。鳥の目でつくられていますから、各職場に最もふさわしい形で方針が出されるわけではありません。従って、方針を職場で実践しようと思えば、その抽象度を1段階下げる（具体化する）作業が必要です。

事実情報の統合
　いっぽう、現場の情報は個別的、具体的な情報です。方針と結びつけられて発生するのではありません。仕事のなかで随時発生してくる虫の目の情報です。この情報を組織全体で活かすためには、上位組織が理解しやすく情報を関連づける必要があります。つまり、抽象度を1段階高める作業が必要です。それを行い、方針の形成に役立てていくことも職場で行われる作業となります。

　このように、職場では抽象度の高い情報と個別的な情報を常に融合し、新たな情報を生み出す作業が求められます。そこに、新たな情報を生み出す創造的なマネジメントが必要となるわけです。

コラム 1-3

地図の縮尺

　地図の基礎になるのは国土地理院が発行する1/25000の地図。航空写真などから一定の編集作業を経てつくられます。それをもとに、使用目的に応じて、観光地図、住宅地図、防災マップなどのさまざまな地図がつくられます。現場の情報も同じ。基礎になるのは現場の仕事から発生する情報。そこから目的に応じて縮尺を変え、抽象度の違う仕事の地図をつくります。それを使いながら見取り図をつくったものが方針。見取り図から現場の施工図面をつくる作業を行って、再び仕事と繋がります。情報を地図の縮尺の感覚でとらえると、組織内での情報の抽象度が理解しやすくなります。

4 職場は安定感と学習の源泉

　個人の側から職場を考えると、そこが、安定感と学習の源泉になっていることがわかります。職場に居場所を確保することによって、私たちは心理的な安定感を得ます。また、仕事について考え、仲間からアドバイスをもらうことによって、学習を進めることができます。

安定感の源泉　　私たちが組織に抱く不満の多くは、職場の人間関係が原因となっています。職場の人たちとの人間関係がうまくつくれない、職場で認められない、こうした不満がストレスとなり、力を十分に発揮できなかったり、離職に及んだりします。逆に、職場の人たちが良い人たちだとか、自分のことを認めてくれるという感じを持つと、その人は職場に居場所が確保でき、前向きな気持ちで力を発揮することが可能になります。

学習の源泉　　職場での同僚とのやりとりは、私たちの学習の大きな源泉です。学習内容には、仕事に関することだけでなく、私生活に関することも含まれます。仕事のやり方を思案しているときに、同僚との雑談のなかから仕事の意味や目的を再発見したり、あるいは同僚とお互いに問題解決の具体策をアドバイスしあったり、子供の育て方に関して情報交換したり、時には美味しいお店の情報を交換したり。さまざまな学習を行います。

　職場で居場所が確保できる実感は、自分の力を発揮し学習を進めるための大前提となるわけです。

コラム 1-4

マズローの自尊欲求

　目標管理と関連してA.マズローの名前がよく引き合いに出されます。仕事を通じた自己実現の方法として目標管理を位置づけることも多いようです。

　しかし、筆者は自己実現欲求よりも、社会的欲求や自尊欲求に着目することが大切だと思います。良い仲間といっしょに働けること、自分の意見を聞いてもらえること、上司を尊敬できること、認められること。こういった欲求を満たせる職場をつくることができれば、多くの組織人は満足し、より意欲的になるはずです。

（参考　A.H.マズロー著、原年広訳『自己実現の経営』産業能率短期大学出版部）

5 職場は仕事のインフラ

　このように考えると、職場は個人が仕事をするためのインフラと考えることもできます。普段は意識しないものの、それがなければ仕事がやりにくくなるインフラです。

ハード　ハードなインフラは、設備、技術標準、マニュアルなどです。こちらは目で見て確認できますし、情報設備などはレスポンスのスピードで実感することができます。筆者が見学したコールセンターはお客様画面の立ち上げスピードが速く、初めてのお客様であっても話題に困らないようなサポートシステムがつくられていました。それがその企業の丁寧な顧客サービスに繋がることは明らかです。オペレーターの方も自分の仕事への満足感が高まると思います。

ソフト　いっぽう、ソフトなインフラは、物事の決まり方や日々の業務の調整のしかた、仕事の分担のしかた、職場での情報の流れ方、価値観等です。広い意味でのコミュニケーションと言ってよいでしょう。こちらは、ちょっと見ただけではその存在はわかりません。しかし、ソフトなインフラが充実していない職場では、私たちは働きにくさを感じるはずです。つまり、職場でのコミュニケーションのあり方は、情報処理機器の反応スピードと同じような役割を果たしているわけです。

　私たちが職場を大切にするのは、インフラを維持することの大事さを無意識のうちに理解しているからでしょう。

コラム1-5

集合財

　政治経済学者のM.オルソンが集合財という考え方を述べています。集合財とは集団全体にとっての目的や利益になる財のことです。関係する人にとっては公共財のようなものです。例えば、漁業権、入会権、水利権、地域の治安、地域の景観、クラブの雰囲気などがその例です。これらの財は、関係者の努力によって維持されますが、努力をせずにそのメリットだけを享受しようとする「ただ乗り」問題が生まれる可能性を恒常的に持っています。このため、それを防止する工夫が大切になります。オルソンは、集団の規模を小さくする、強制をする等の方法を提案しています。

　職場はオルソンが述べる集合財と考えることができるようです。

（参考　M.オルソン著、依田博＋森脇俊雅訳『集合行為論』ミネルヴァ書房）

6 職場は共有資産

　ソフトなインフラは決めごとによって維持されます。誰かが決めごとを破れば、決めごとは維持されなくなります。つまり、職場の決めごとは私たちの共有資産（集合財）なのです（一定期間、同一のメンバーで職場の資産を使って生産活動を行うのが職場だと考えたいところです）。

水利組合
　たとえ話をします。水利組合の話です。水稲は田に水を引き込んでつくります。1枚ずつの田は私有ですから、農家の方が採用する栽培技術は個人の裁量です。しかし、田に引く水は共有です。そこで、水路にきちんと水を流し、端々の田にまで公平に水が流れるようにするために、農家の方々は水利組合を作って管理をします。水利組合では、用水路の維持補修、水の流し方などを相談して決め、実行します（何時から何時までは××さんの田に水を引く、その次の時間は○○さんといった要領です。毎年の雨の量によって細かく相談されるようです）。

情報利用組合
　水の流れを情報の流れに置き換えてみましょう。職場のメンバーは情報利用組合の組合員。そう考えると職場内の情報の流れを情報利用組合の組合員が協働で維持するということは、水利組合となんら変わりがありません。職場メンバーの共益を高めるために流すべき情報を流す、その情報の流し方は自分たちが決めたルールの通りにする。報告・連絡・相談は、ともに働くための共有資産を維持する活動と考えることができます。

コラム 1-6

公益、共益、私益

　かつての日本の村には、協働作業を成り立たせるためのいくつもの工夫がありました。ユイ、モヤイ、テツダイなどといった慣習です。ユイはお互いが労力を貸し借りする関係。対称的関係です。屋根葺きはユイで行われました。モヤイは労力やお金の出資者と受益者が必ずしも一致しない関係。再分配の行為です。モヤイ風呂、頼母子講などがその例。最近では震災復興小口ファンドなどもその例です。テツダイは一方的な奉仕です。本家、分家などの関係で行われました。

　これらの慣習は私益でも公益でもない、仲間内で助け合うための共益の仕組みです。良い職場をつくり上げていく努力は、共益を目指す行動に見えてなりません。

（参考　恩田守雄著『互助社会論』世界思想社）

7 職場主義の目標管理

　以上でなぜ、職場が大切かについてはわかっていただけたと思います。その考え方に基づく目標管理が、職場主義目標管理CMBO（Creative Management by Objectives—職場主義にもとづく目標による創造的なマネジメント。あまりに長いので（苦笑）、以下CMBOと略記）です。大きくは2つのねらいを持っています。

経営資源の競争力　事業の競争力を支えるのは、経営資源の競争力。なかでも人の知恵や行動パターンが重要です。事業に携わる多くの人々の努力の結合こそが、他社が容易に模倣できない事業競争力の源泉となるからです。5S活動に見られるような、いっけん平凡な仕事でも、その意味を良く理解し、それに徹して隙のない仕事をすることが企業の競争力を支えます。また、スタープレーヤーが最高の成果を出せるような環境を整える脇役の存在も、企業の競争力を支えます。いぶし銀のような野球選手が大事にされるゆえんです。

仕事の学習　このような業務のあり方を実現するためには、一人ひとりが仕事を深く理解する必要があります。仕事の意味や目的を深く理解してこそ、愚直な継続的努力や環境変化に対応する仕事の革新が可能になります。仕事を常に学び直し、仕事の目的や意味を確認し続けることが、改善や革新を支えるわけです。

　経営資源の競争力を高め、個人と組織の学習を促進すること。それがCMBOのねらいなのです。

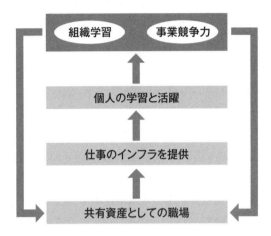

コラム1-7

企業戦略論

　J.B.バーニーが提唱した資源ベースの戦略論では、競争力を支えるものとして、経営資源の希少性、価値、模倣困難性、組織の4つの要素が挙げられます。そのなかで、模倣困難性は、資源形成の歴史や小さな意思決定の蓄積、資源の社会的な複雑さなどによって規定されるとしています。これをみると、日々の仕事で工夫（小さな意思決定）を積み重ねることによって、他社が模倣できない経営資源を企業が獲得できることがわかります。ディズニーランドやトヨタ自動車の競争力をミクロレベルで見れば、必ず地道な仕事の積み上げがあるはずです。

（参考　J.B.バーニー著、岡田正大訳『企業戦略論』ダイヤモンド社）

8 存在理由に見合った成果

CMBOでは、職場の目標達成に焦点を置きます。すなわち、職場の存在理由に対応した成果を重視します。

職場の存在理由

職場は経営意図によって設置されます。組織のなかで、どのように仕事の分業と協業を成り立たせれば、顧客満足を得られるかが配慮されているはずです。しかしながら、職場の設置に当たって、その存在理由を経営者が具体的に示すわけではありません。大まかに示すだけです。その存在理由を具体化し、職場にぴったりとしたものを考えることは職場に任されています。それを考えるのがCMBOの出発点となります。

成果のものさし

職場が目指すべき成果は、その職場の存在理由によって決まってきます。つまり、存在理由をきちんと果たせたかどうかこそが、職場が成果を上げたかどうかの判断基準です。例えば、顧客満足度を高めることが存在理由となる営業部門であれば、第1に重視すべき目標は「顧客満足度」です。次に重視すべきは、「ライバルとの顧客満足度の差」かもしれません。これに反して、顧客に売り込むことが存在理由であれば、重視すべき目標は「売上高」や「シェア」のはずです。このように、存在理由が異なれば、職場に求められる成果は異なります。

職場の存在理由を確かめ、それに見合った判断基準（成否を判断するものさし）を準備することが、職場目標の達成に担当者の関心を向ける出発点となるわけです。

職場の存在理由とものさし

職場の存在理由

達成すべき成果（判断のものさし）

コラム 1-8

目標管理と自己統制

　目標管理は、著名な経営指導者であるP.F.ドラッカーが1951年に提唱したものです。労働が知識化した時代には、目標設定と自己統制による経営でなければ生産性が高まらない、というのがドラッカーの考えでした。

　しかるに、実践の場では目標が評価基準として用いられるために、上司が部下を管理するための道具に転化することも起きます。その場合、目標を用いて上司が部下を駆り立てることになり、目標管理が部下を締めつける道具になってしまいます。ドラッカーが述べる本来の目的に立ち戻って、目標管理の実践を行いたいところです。

(参考　P.F.ドラッカー著、上田惇生訳『[新訳] 現代の経営　上・下』ダイヤモンド社)

目標管理と自己統制

	目標による管理	目標を管理
誰が	担当者が	上司が
何を	自分の仕事を	部下を
何によって	目標を使って	目標を使って
どうする	自己統制する	締めつける

第1章　職場主義の目標管理

9 仕事の再編成と学習

CMBOは、職場の成果を高めるための工夫を通じて仕事を恒常的に再編成しつつ、個人の学習を進めます。

仕事の再編成

健康な職場は常に変化しています。業務の繁閑があること、仕事に用いる設備や道具が変化すること、担当者の能力が向上すること、人事異動によってメンバーが交替すること、経営方針が変更になり、職場の目標が変化すること。さまざまな要因の変化により、職場が変化します。その結果、職場におけるメンバーの役割は、それに対応して変化する必要があります。担当する職務を変えたり、教えたり教えられたりする役割を変更したり、リーダーとフォロアーが交替したり、柔軟に仕事を再編成する必要があります。

無目的繰り返し行動

いっぽう、組織では、分業が行われ仕事は細分化されています。しかも、各々の仕事の進め方にはマニュアルや手続きが決められています。それに従って仕事を進めることで、意識をしなくても仕事に習熟し能率を高めることができます。ところが、その反面、私たちが個別の仕事の目的を忘れ、無目的な繰り返し行動になる落とし穴もあります。その場合、私たちは行動の柔軟性を欠き、マンネリに陥ることもあります。その結果、私たちの学習は停止し、その仕事以外には無能になってしまいます。

職場目標と関連づけて恒常的に仕事を再編成することが、一人ひとりの学習と能力開発に繋がるのです。

職場における健康な変化

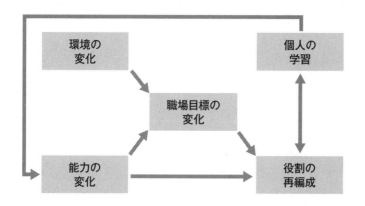

コラム 1-9

職場の変化と人事異動

　職場には人事異動がつきものです。何年にもわたって同じメンバーで持続する職場は少なく、多くの場合は1年を経過すれば1人くらいはメンバーの入れ替わりがあるはずです。

　新たなメンバーが参加すると、最初はお互いに探り合い、次の段階ではお互いの不満が噴出し、その段階を終えると、問題解決の話し合いが始まり、生産性が高くなります。その後、一定期間を過ぎると役割が固定化し、生産性が頭打ちになるので、人事異動を行って、職場を若返らせる。そんな作業が行われています。恒常的に仕事の目的や役割を再確認する強制的な変化の仕組みが、職場から見た人事異動であるように思えます。

10 自律と協働──連帯的個人主義

CMBOは、「自律と協働」を職場運営の理念にしています。連帯的個人主義といってもよいと考えています。一人ひとりの個性を大事にするいっぽう、一人ひとりの違いから生まれる気づきやアイデア、つまり異質の個人が集まることによる多様性の効果を追求しています。

自律　自律は、自らの行動の源泉を自分がたてた規範に求めるという考え方です。別の言葉で言えば、自分の行動の理由づけを他の人に求めないことです。よく似た言葉に「自立」があります。こちらは、他の人からの支配や助力を受けずに存在することを意味します。自律と自立の違いは、自らの規範を持つか持たないかの違いです。自らの専門性に関連する行動規範や職場目標に関連する行動規範を自ら持つことによって、職場に主体的にかかわろうとするのが自律です。

協働　目的を共有して、力を合わせて働くという考え方です。個人ではできない大きな仕事を成すために、私たちが組織で働いているわけですから、協働は必須です。自らの個性を職場のなかで活かすことによって、異質性が生み出す創造が生まれる。それこそが、組織で恊動することの喜びともなるはずです。

「自律と協働」の理念を持つことによって、職場のなかで自らを鍛え上げつつ、1人ではできない大きな仕事を成し遂げる。そんな組織と職場をつくりたいのです。

チェックリスト：職場の健康診断

チェックリスト：職場の健康診断	評価
1．職場が目指す方向を意識して、全員が仕事をしている。	
2．職場メンバーの誰もが、職場目標の達成状況を話すことができる。	
3．仕事の負担がメンバーの能力に見合って公平になっている。	
4．職場の目標は、メンバーの力を結集すれば達成可能である。	
5．職場で冗談や生活上の悩みの相談など、個人的な情報が交換される。	
6．ちょっとしたトラブルに気づいた人が、自らその処理を行う。	
7．新しい試みに対して積極的な職場である。	
8．問題解決に向けてメンバーから活発な意見が出る。	
9．職場メンバーの行動の変化を、お互いがわかり合える。	
10．メンバーが職場に来ることを楽しく感じている。	
合計点	

各項目を5段階で評価し、35点以上であればいちおう健康と言えるでしょう。

コラム 1-10

深は新なり

　筆者の好きな俳人・高浜虚子の言葉です。有季定型を唱え、保守的にみえながらもホトトギスの活動を組織した虚子。筆者はこの言葉に語呂を合わせて「深は新なり」「深は芯なり」と考えています。

おまけのコラム①

目標管理の３つの力点

　目標管理への力点の置き方には組織ごとに違いがあります。第1は、上位組織と下位組織の目標の連結を重視するもの。方針管理や戦略目標管理といった名称がつく場合が多いようです。第2は、職場目標と職務の配分を関係づけることを重視するもの。第3は目標の達成度で業績評価を行うもの。目標達成度評価ですね。CMBOは第2のやり方を主たるねらいとし、他の2つの目的も果たせるように考えた総合的な目標管理です。

目標管理の３つの力点

経営計画システム → 部門事業計画 → 職場目標

目標の組織的一貫性を重視

職務配分

第一線の職場活性化を重視

実施
目標設定 ← ふり返り

業績評価システム

職場業績評価

個人業績評価

個人の業績評価を重視

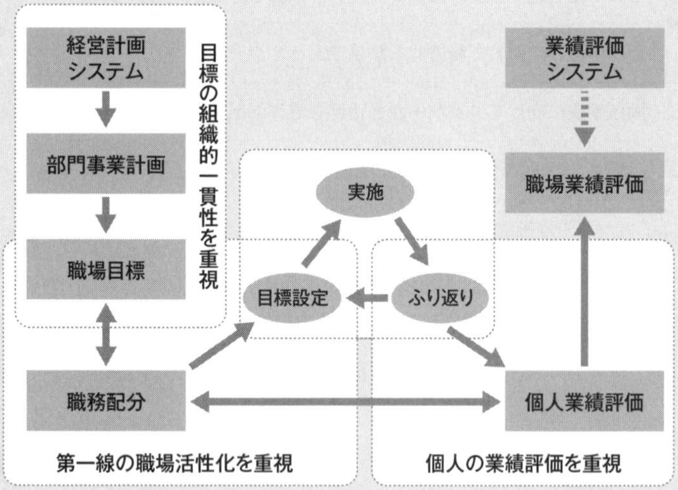

第 **2** 章

職場主義目標
管理の特徴

第2章では、職場主義目標管理の特徴を理解して
いただきます。職場目標を明確にするためにどのよ
うに考えるのか、職場目標と関連づけた職務配分の
ために、どのように考えるのか、あるいは、人事評
価とどのように連動させるのか、といった基本的な
点を説明します。第3章からの方法論の学習に先
立って、その背景にある考え方を理解していただく
のが目的です。

マネジメント機能を分かち合う

11

　さまざまな調査によれば、8割ほどの企業が目標管理制度を導入しています。しかし、その効果を期待通りに発揮している組織は少ないようです。各組織で挙げられる代表的な問題として、右頁の図表のようなものがあります。

マネジメント機能

　これらの問題点は、職場のマネジメント機能が不十分であることから発生します。マネジメントの基本は、職場の課題を見つけ、課題解決が可能な担当者を決め、実行して、その結果を公正に評価することにあります。その一つひとつで部下の納得を取りつけることが必要ですが、それが不十分なのです。その結果、部下が納得しないまま、ルーチンな事務手続きとして、目標書を書き、目標管理の本来の効果を発揮できないのです。従って、目標管理の効果を高めようと思えば、部下の納得をとりつけるマネジメント機能を強める必要があります。

分かち合い

　職場マネジメントの機能を管理職が1人で担う必要はありません。管理職は対外的には職場の代表ですが、職場のなかでは、マネジメント機能を部下と分かち合えばよいわけです。それによって、部下が積極的に仕事に関与し、その納得度や責任感が高まってきます。お互いに得手を活かして職場を運営すると考えれば、マネジメントの機能を分かち合うことが望ましいわけです。

　多くの管理者がプレーイング・マネージャーである状況では、マネジメント機能の分かち合いは、大きな可能性を持っています。

目標管理の問題点

目標管理の問題点
1．職場の目標と無関係な個人目標設定
2．安全を見越した個人目標設定（達成しやすい目標）
3．職場による目標設定レベル（難易度）の違い
4．押しつけ感を感じる個人目標
5．度重なる人事異動と業務分担変更
6．事態の変化による目標の変更と忘却
7．定性的目標の評価の難しさ
8．結果とプロセスの峻別の難しさ
9．育成という名の説教
10．評価のヨコ比較の困難さ

コラム 2-1

責任感一定の法則

　いろいろな組織を訪問すると、責任感を独り占めしている上司に出会うことがあります。部門の業績責任を感じ、細かなことにまで口を出すのですが、部下はやる気を失っている。そんな上司です。いっぽう、頼りなく感じる上司でありながら、部下が成果を上げている上司もおられます。

　それらを見て筆者は、職場に存在する責任感は一定量であり、誰かが責任感を独り占めすると、他の人は無責任になるという関係があるように感じています。

職場主義目標管理の特徴

　職場主義目標管理（CMBO）の特徴は、職場目標を明確にして共有すること、それにもとづいて役割を形成すること、対話を重視すること、の3つです。

職場目標　CMBOでは、目標を「達成すべき状態」としてとらえます。この目的は、とかく実施策を発想しがちな私たちが、実施策を考える前段階で、一旦しっかりと仕事の目的を考えることにあります。達成状態を思い浮かべることによって、仕事の目的を明確にしたいわけです。この目的を果たす方法として、達成状態をどんなものさしで見るのか（目標項目）、どの程度まで達成すればよいのか（目標レベル）を考えるようにしています。

役割の形成　第2の特徴は、職務の配分を役割の形成と考えます。役割は担当実務に加えて集団内の役目も付け加わったものと考えてください。ある職務に関して、誰が情報センターになるのか、誰が教え役、誰が手助け役なのかといったことを考えます。それによって、お互いの動きに無駄をなくし、学習の効率を高めたいのです。

対話の重視　第3の特徴は対話を重視することです。担当者が考えた内容を他の人と議論をし、対話のなかから発展させるという考え方です。職場目標や役割について話し合うことは仕事の目的の理解を深めます。面談も同様です。対話が持つ学習促進機能を活かすとともに、マネジメント機能を分かち合うわけです。

職場主義目標管理の特徴

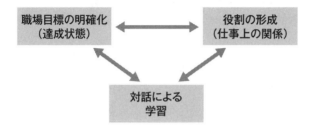

コラム 2-2

いもこじ

　二宮尊徳の仕法に「いもこじ」と呼ばれる方法があります。もともとは収穫したサトイモの泥を落とす方法。桶に水をためてサトイモを入れ、それをかき回すことでイモどうしがぶつかって、お互いの泥を落とすやり方です。そのイメージを尊徳はミーティングの名称に使いました。「汚れた人間も、きれいな人間もいっしょにして、そこでぶつかり合えば、全部がきれいな人間になる」。荒廃しきった江戸時代の村落を立て直した二宮尊徳は、ミーティングが持つ学習効果を存分に知っていたようです。

13 職場目標から出発する

職場主義目標管理（CMBO）では、職場の目標に注意を払います。鮮明な職場目標をメンバーで共有することが、仕事の出発点であり、企業競争力の源泉になると考えるからです。

ゲームプラン

サッカーを思い浮かべてください。サッカーではゲームプランを大事にします。サイドから崩すというプランを持っていれば、サイドの選手は攻守にアップ・ダウンの走行をする必要があるでしょう。攻め上がったサイドをボランチの選手がカバーする動きも必要でしょう。その共通理解がなければ、相手チームにスペースを使われてピンチが生まれるはずです。長期的なゲームプランに応じてフィジカルを訓練し、その試合のゲームプランに応じて、選手が役割を変える。ゲーム中にもその修正を行うというのがサッカーのようです。

職場目標

サッカーのゲームプランを職場に置き換えると、職場目標と役割マトリックスとなります。何を達成したいのかを明確にすることによって、担当者のさまざまな動きに意味を持たせていく。つまり、目的と手段の関係をつくり上げていくわけです。その時に、職場のメンバーが持つすべての知恵を結集するとよいでしょう。メンバーが持つ情報は個人によって微妙に異なっているはずです。その違いに新たな発見のチャンスが潜んでいます。職場メンバーが持つ知恵と情報を職場目標に向けてフルに活かすことを考えるのがCMBOの出発点です。

コラム 2-3

人間観とマネジメント

　マネジメントの考え方の背景には、人間に関する特定の仮説が置かれています。E.H.シェインは下表のように整理をしています。

　職場主義目標管理が持つ仮説は意味探求人仮説。複雑人仮説の一種と考えてください。「人は組織で働きながら、その意味を探している」という仮説です。働く人の90％以上が組織で働く時代。その時代には、組織で働くことの意味を探す人が増加すると想定しています。

（参考　E.H.シェイン著、松井賚夫訳『組織心理学』岩波書店、V.E.フランクル著、霜山徳爾訳『夜と霧』みすず書房）

人間観の仮説	内容	マネジメント政策
経済人仮説	人間は己の経済的利益を動機として行動するという仮説	「馬にニンジン」の政策
社会人仮説	人間は社会的な動機によって行動すると見なす仮説	人間関係を重視するマネジメント
自己実現人仮説	人間は本来の自己を現実化することに動機づけられているという仮説	「仕事を通じた自己実現」の政策
複雑人仮説	人間は状況により複雑な欲求を持つという仮説	上記の政策の融合した政策

14 達成イメージ（状態）で目標をとらえる

CMBOでは目標を「仕事を進めることによって期末に達成するべき状態」という意味に限定します。

達成イメージ

期末の状態として目標をとらえる目的は、ありありとしたイメージが思い浮かぶ職場目標を設定することにあります。

実務では、「マニュアルの見直しをする」「技術標準を作成する」といった目標を掲げることがあります。この場合、やるべき作業は明確になりますが、その目的は鮮明になっていません。これに対して、「入社2年目の人でも使えるようマニュアルを見直す」という目標であれば、そのマニュアルを入社2年目の人が使えている状態を目指した作業であることが明確になります。その結果、マニュアルのつくり方が微妙に変わってくるはずです。また、マニュアルを見直す作業を行う時の留意点も職場で共有されるはずです。

目的と手段

目標を達成イメージに限定すると、その手段として、仕事の進め方を考えやすくなります。達成イメージが鮮明であればあるほど、その手段の良し悪しを考えやすくなります。目的と手段の関係をしっかりと考えることができるからです。毎日の仕事が職場目標の達成に繋がるのか、そうでないのかを考えることによって、仕事の工夫が進みます。新たなアイデアも生まれやすくなります。それが仕事の改善や学習に繋がるのです。

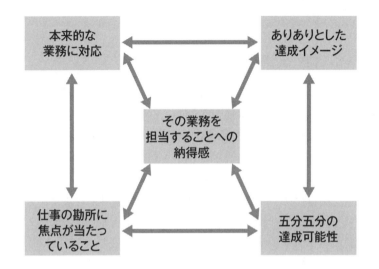

コラム 2-4

目的-手段の思考

　思考方法としての目標管理の特徴は目的-手段の関係を考えるところにあります。ある目的に対して最も適合的な手段を考えることによって、良い仕事方法を見つけていくというのが目標管理の思考パターンです。

　この目的を達成しようとすれば、目的が本当の目的である必要があります。ところが実務のなかでは、仕事が細分化され手段が目的となりやすくなります。それを防止するために、目標を達成イメージ（状態）で表現することにこだわるわけです。

15 目標項目と目標レベルの利用
（達成状態の明確化）

　達成状態を明確に表現するためにCMBOでは目標項目（ものさし）と目標レベル（めもり）を考えます。仕事が達成できたかどうかを判断する基準を具体的なものにする作業です。

目標項目　目標項目は達成状態の良し悪しを測るものさしです。仕事がうまくできたのか否かを判断する視点を明らかにする作業です。仕事の管理指標ともなります。

　目標項目には、定量的に表現するものと、定性的に表現するものがあります。なかでも、定性的な目標項目のなかに重要なものさしが含まれていると考え、それを発見することに注力します。営業部門における、「お客様との信頼関係」や「顧客満足度」、「自社技術への信頼度」などがその例です。これらの目標項目は定量的に測る方法を開発するとともに、それができないときには「複数の当事者による手応えの評価」で達成・未達成を判断するという考え方をとります。

目標レベル　ものさしと同時にめもりを決めます。めもりを決めることによって、仕事に求められるレベルを鮮明にします。それによって、ある実施策が有効か、目標達成に効果が乏しいのかを明らかにし、無駄な動きを減らすことも可能になります。定量的な目標項目であれば数値で、定性的な目標項目であれば達成状態のイメージを言葉にして、めもりとします。この時、ありありとしたイメージが湧く言葉を使うことを留意します。

コラム2-5

目標と基準

　目標を意味する英語にgoalやobjective、standardがあります。goalは、野心・努力などの目標・目的を意味します。objectiveは達成できる目標・目的を意味します。いっぽうstandardは判断のための基準を意味する言葉です。3つの言葉の微妙なずれが、目標管理と人事評価を連動させるときの課題となります。目標設定の段階ではgoalやobjectiveであるのが、人事評価の段階ではstandardに転化するからです。「目標を基準にした達成度評価」を行う上で、3つの言葉の微妙なずれをどう乗り越えるかを考えておく必要があります。

16 役割を形成する

次に重視するのは役割の考え方です。職場で担当者が自ら仕事を関係づけることを大切にします。

役割　役割はある担当者の職場での行動様式のことを意味します。やさしく表現すれば「役目」といってもよいでしょう。リーダーとフォロアー、主役と脇役、裏方、励まし役、鬼軍曹役、職場のエンターテイナー、情報センター、職場のセンサー等々といった表現が、その例です。担当する実務を進めるときに、同時にどんな役目を果たすのかを考えるのが役割であり、同じ実務を担当していても、役割が変わっていくことで能力開発が進むという側面もあります。

営業マンの役割　営業マンの顧客訪問を例にとってみましょう。「上司に手ほどきを受けてお客様を訪問する」「上司と相談の上、お客様を訪問する」「上司に提案の上、お客様を訪問する」「自分で考えてお客様を訪問する」「部下を指導しながら、お客様を訪問する」。こう並べてみると、「顧客訪問」という実務を遂行していても役割は変化していきます。

決められた実務を淡々と遂行していくだけの役割しか果たされない職場もあれば、職場のなかに、「まとめ役」「励まし役」「湧かせ役」「アドバイザー」「斥候役」等々のさまざまな役割が形成されている職場も存在します。私たちが目指すのはさまざまな役割が形成され、職場目標と関連づけられている後者の職場です。

コラム 2-6

職業をとらえる言葉

　仕事を表現する言葉には、さまざまな言葉があります。生業、口過ぎ、稼ぎ、務め、職責、職分等々。英語にはoccupation、profession、calling等の表現があります。

　occupationは、占有を意味します。ある仕事を獲得するということになるでしょう。professionは宣言することを意味しています。プロフェッショナルの語源。callingは天命を意味します。

　貴方の仕事をどの言葉で表現すればよいのか、考えてみませんか？役割に近いものが見えてくるはずです。

17 情報共有のミーティング

　またCMBOは、職場での情報共有を大切にします。それにより、担当者が全体状況を学習できるようにしたいわけです。その方法としてミーティングを重視します。

鳥の目

全体状況を理解することは、「ひとつ上の職位で自分の仕事を見る」ことです。自分の仕事を自分の立場からしか見ることができない担当者と、自分の仕事を課長の立場から見ることができる担当者とでは、職場への貢献度は全く異なってきます。ひとつ上の立場で仕事を見ることができる担当者は、自律的に判断し職場に貢献することが可能です。自分の立場でしか仕事を見ることができなければ、自律的な行動が職場への貢献に繋がる保証がありません。全体状況の理解が重要な理由です。

ミーティング

全体状況を全員が共有するためには、職場目標の設定、進捗管理、ふり返りのいずれのステップにおいてもミーティングを活用することが有効です。ミーティングの積み重ねが共有された情報量を増やします。その結果、何かが起きたときに、状況を同じ解釈で理解することができ、その対応に混乱が起こりにくくなります。

　ミーティングは個人が持つ知恵を交換する頻度を高めます。それは対話からの知識の創造の可能性を広げることでもあります。ミーティングの蓄積は、職場で共有された知識の量と質を充実させる、学習と問題解決のための最も有効な方法です。

第2章 職場主義目標管理の特徴

コラム2-7

問題解決ミーティング

　CMBOにおけるミーティングは、伝達・報告を目的としたミーティングではありません。状況認識や職場目標・役割を共有するための問題解決ミーティングです。

　このミーティングでは、ミーティング時間中は、職位から一旦離れることが有効です。上位者が仕切って会議を行うのではなく、誰かが司会を行って、なるべく自由な意見交換を行い、上司はそのミーティングを指導する役目を果たすと考えてください。時には、他部署のメンバーにファシリテーション役を務めてもらうのも効果的です。

18 自己評価を重視する

　CMBOでは、PDSサイクルのSee、つまり自己評価を重視します。なぜならば、しっかりとしたふり返りが次期の目標や実行計画の質を高めることに繋がるからです。

本田選手の作文

サッカーの本田圭佑選手や野球のイチロー選手の作文が有名になっています。小学校6年生のときの「僕の夢」という作文。イチロー選手は契約金1億円のプロ野球選手、本田選手はセリエAのACミランでの活躍を「僕の夢」としています。また、2人とも「最も練習をしているのは僕」と自己評価をしています。目標を定め、自己評価を小学校6年からやっているところが彼らのすごさです。

自己評価のものさし

私たちも同じことです。仕事力や専門性を高めようとすれば、何かを実践し、そのなかで自分の足らざる部分を見つけ出し、その改善に取り組むことが必要です。その努力をしていれば、専門性が徐々に向上してきます。期末のふり返りや上司との面談においては、まずはきちんとした自己評価を行うことが出発点です。それが独断的にならないために、上司と話し合って評価の視点を広げておくと考えてください。

　もし自己評価をきちんと行わなければPDSサイクルがまわりません。その場合、次の目標や実行計画が質的に高まることが担保されません。PDSサイクルをきちんとまわす意味でも自己評価が重要なのです。

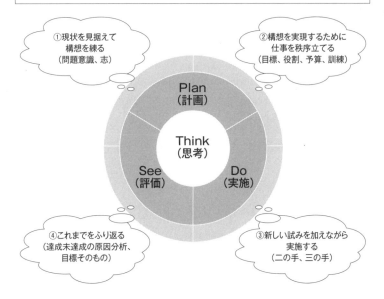

考えながらのPDSサイクル

コラム 2-8

自己評価と上司の評価

　業績評価と連動した目標管理では、部下が自己評価をした上で上司と面談を行い、相互に納得のいく結論を探索するステップが設けられています。この手続きにおいては、自己評価の基準は会社で定めた評価基準にならざるを得ません。人事評価ですから。しかし、専門性を磨くという観点からすれば、会社で定めた評価基準に対するふり返りだけでは不足です。むしろ、自分で評価基準を開発し、その基準について上司と話し合うことが大切です。人事評価は人事評価用の自己評価、本物の自己評価は、自分のものさしによるふり返りと割り切る方が考えやすくなります。

19 対話による統合

　対話を大切にするCMBOにおいては、意見が異なったときにどんな対処をするのかが重要になります。上司の立場から述べますが、部下の側からも同じことが言えます。

強制　第1の対処方法は、強制です。部下の意見や仕事の具体的内容を無視して、無理遣り指示に従わせる方法です。この場合、部下は最低限の努力しかしなくなります。

妥協　第2の対処方法は妥協です。部下の意見と一致しているところだけを認めて、不一致の部分には見て見ぬふり。表面的には意見が一致しているようですが、お互いに様子を見ているだけであり、本当の意味で意見が一致しているわけではありません。

統合　第3の方法は統合です。お互いの相違を直視し、その違いの原因（多くの場合は所持している情報の違いが原因となっています）を探索し、意見の違いを乗り越える新たな考えを生み出していく対話のあり方です。意見が異なるという事実を受け入れ、その問題に対する創造的な解決策をつくり出していく話の進め方です。

　組織では部下と上司が意見対立したときに、最終的には上司の意思で決定せざるを得ません。そのための上下関係でもあるわけです。しかし、その状況のベストな解決策を探す上では、上司も部下も同志でしかありません。意見が異なることをむしろ新たなアイデアの源泉ととらえることが大切なのです。

コラム 2-9

ほどほど主義

　私たちは日常生活において、必ずしも最適な行動を選んでいるわけではありません。無限の選択肢を比較検討しているわけでもありません。なるべく合理的であろうとしつつも、限られた範囲の実施策のなかで最も良さそうな行動を選択し、ほどほどの満足を得てよしとしているようです。健康維持のためにいわれる、腹八分と似ています。ところが、職場では、たまに最適にこだわってしまうことがあります。他の人と意見が異なるときに、それにこだわると職場はうまくまわりません。「多少の違いはあるが、まあいいか」という、ほどほどの満足が、健康な仕事と職場を維持するコツです。

20 段取りを重視する

　仕事では、変化やトラブルが恒常的に起こります。そのたびに上司の指示を待つのでは、効率的な仕事にはなりません。これまでに述べてきたことを別の角度から述べると次のようになります。

事前の判断基準

　目標や役割という形で「仕事が進むべき方向と自分の動き方」を事前に決めておくことは、トラブルや変化が起きたときの担当者の判断基準を事前に準備することに繋がります。また、実行計画を事前に作成することにより、負荷のきつい時期や比較的負荷の少ない時期などを見つけ出し、仕事を平準化して、無理のない形で仕事を進めることが可能になります。これらは、段取りともいえる目標管理の機能です。事前に考え方の段取りをしておくことによって、事に当たって混乱しないわけです。

前段階の充実

　工場改善の世界で源流管理とか根元断ちといわれる考え方と同じですが、人事評価の納得性を高めようと思えば、その前段階の個人目標の納得性を高めておくことが必要です。個人目標を良いものにしようとすれば、その前段階の役割がしっかりと形成されていることが必要です。役割をしっかりつくろうと思えば、その前段階の職場目標が鮮明になっていることが必要です。このように、前の段階を明解にしておくことによって、次の段階の納得性が得られるわけです。

　目標や実行計画をつくることが、仕事の段取りとなっていることも忘れてはならないポイントです。

コラム 2-10

指し手・コマ理論

　ド・シャームという学習心理学者が「指し手・コマ理論」という理論を提唱しています。チェスの指し手とコマで私たちの意識を表象させた理論です。指し手意識は、自らが状況を変えていくという当事者意識を意味します。コマ意識は自らの行動を他者が支配しているという意識です。筆者が組織人（organization man）を見ていると、組織の状況に動かされている人（organised man）と組織を動かそうとしている人（organising man）の2種の人が存在すると感じます。できることならば、組織を動かす意識で仕事に臨みたいですね。そういう人が増えれば職場も楽しくなるでしょうから。

　　（参考　R.ド・シャーム著、佐伯胖訳『やる気を育てる教室』金子書房）

おまけのコラム②

生業の里

　新潟県村上市山北町に山熊田という集落があります。隣の集落と10kmの距離を隔てた、朝日連峰に抱かれた集落。マタギが住み、焼畑も行われる山の里。超限界集落というイメージです。そこに「さんぽく生業の里」(http://www.iwafune.ne.jp/~sanpokusho/kaiin/nari wai/nariwainosato.html) という事業組合があります。推定平均年齢58歳（女性なのでまだ年齢を聞けていません）の5人のお母さんたちが起こした事業組合。空き家を利用して事業を起こされました。山の生活体験施設とシナ織の工房が一体になっています。設立後十数年を経過し、お母さんの人数は3人となりましたが、各々の方が自分の持ち味を活かしながら役割を果たしておられます。

　筆者は、年1回程度のペースで訪問しています。山の資源を取り尽くさない知恵や、川の水を汚さないための上流の方の努力を身体で感じることができ、心惹かれる場所となっています。通い始めて、何年か経過したとき、指導者であるKさんが、「こういう施設は目標管理をやらないといけません」と強調されました。力の入った話しぶりでした（筆者が目標管理コンサルタントだという話はしていませんでしたから）。また、組合の総会は、地域の方々にも参加してもらい、大宴会のなかで、理解を共有するのだという話もしてくださいました。まさに「自律と協働」を地でいくお話でした。

第 **3** 章

職場目標の設定

　第3章からは職場主義目標管理の実践方法を説明します。まず、職場目標の設定手順を説明します。
　主要なポイントは、
①職場の存在理由をよく考え、それに添った目標を設定すること
②ありありとした達成イメージを共有すること
の2点です。この2点を可能にする作業の流れを本章で説明します。この段階では、管理者が重要な役割を果たしますので、よく理解していただくことを願っています。

21 目標設定の手順

　職場主義目標管理（CMBO）では、職場目標と個人目標の繋がりをしっかりつくることを重視します。このため右図のような手順で目標設定を進めます。

職場目標　リーダーが職場の存在理由（職場の使命）をよく考えた上で、職場が達成すべき状態を思い浮かべて明確にするステップです。細かくは、関係者の期待の列挙→職場使命の熟考→状況評価→任務の決定→目標項目と目標レベルの決定、という手順を踏みます。この手順のうち、主として目標項目と目標レベルの決定に担当者が関与することによって、職場目標の内容を共有します。

役割の形成　職場目標を前提に、担当者の動き方を考えます。このときには、職場目標を達成するために、誰がどんな動きをし、お互いの動きをどう関連づけていくのかを考えます。職場目標を達成するための手段として役割を形成するわけです。この段階は職場全員でよく議論をし、しっかりとした関係をつくり上げます。

個人目標の設定　担当する役割が決まったら、その役割に応じた個人目標と実行計画を考えます。役割を深く理解し、それに対応した達成状態を思い浮かべた上で、実施策を考えます。

　目標設定の作業には、可能な限りミーティングを用います。その蓄積によって職場の全員が仕事に関する情報を共有するとともに、学習を進めていくことができると考えています。

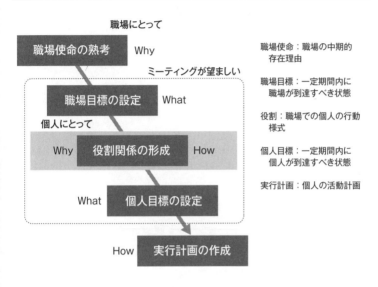

コラム 3-1

なぜ、私がその動きをしなければならないの

　CMBOの目標設定手順を大まかにいえば、①存在理由（Why）の確認、②到達状態のイメージ（What）、③その方法の考案（How）という手順です。職場目標も個人目標もこの手順で考えますが、このとき役割は職場にとってはHowですが、個人にとってはWhyであるという2重の性格を持ちます。担当者から見て、「なぜ、私がその動きをしなければならないのか」が職場目標と関連づけて理解できる役割関係をつくることが重要なのです。

22 職場目標の設定手順

職場目標は次の手順に従って設定します。

職場使命の熟考
第1のステップは、職場に対する関係者の期待を受け止め、職場の中期的な存在理由を明確にする作業（職場使命の熟考）です。このステップは、職場のリーダーがしっかりと考えます。それによって部下に対して仕事の方向づけを行います。

任務の設定
第2のステップは、職場の任務を決定する作業です。職場使命を果たすという観点から状況を評価した上で、取り組むべき任務を考えます。任務には安定的に業務遂行をする類から改善や革新のための課題への取り組み等が含まれます。職場のリーダーが考えてもよいのですが、できればミーティングが望ましいステップです。時間幅は目標設定期間（半年もしくは1年）として決められている期間で考えます。

目標項目
第3のステップは、目標項目と目標レベルを決める作業です。任務が達成できたのか、達成できなかったのかを判断するためのものさしの準備です。ものさしとめもりをワンセットで考えます。第2章で述べた通り計数で表現することにこだわる必要はありません。実感的な手応えで評価できるものも含めてください。このステップはミーティングを行います。それによって、職場目標の内容をしっかりと共有します。

以上のステップを踏むことによって、職場目標を設定しつつ、その内容を共有していきます。

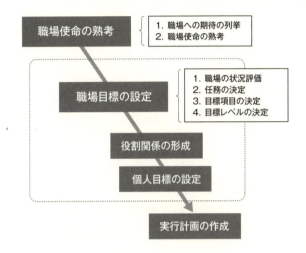

コラム 3-2

個人思考と集団思考

　CMBOでは個人思考と集団思考の両者の特徴を活かすべく、手順を考えています。個人思考のステップでは、その人の考えを深めることが期待されます。集団思考のステップでは、参加者の考えの幅を広げることと、新しい考えの発生や相互の学習が期待されます。2つの思考方法の両方に強くなることによって、仕事について考え、仕事から学ぶ力が高まっていくと考えています。

23 職場への期待を受け止める
（職場使命の熟考①）

　　職場使命の熟考は、職場への期待の受け止めから作業を開始します。職場に対する中期的な（3〜5年）期待の把握です。

利害関係者　職場にはさまざまな利害関係者が存在します。職場の顧客に相当する相手（会社のお客様であったり、後工程の部門であったり）、上位組織の長、関連部門、職場のメンバーなどが主たる利害関係者でしょう。そのほかにも、所在地域の方々、労働組合、行政機関なども職場に利害関係を持っています。これらの利害関係者の期待のうち、本質的で具体的な期待を探し出し、列挙していきます。列挙に当たっては部下や上司等の意見を聞くことも有効でしょう。

期待の多様さ　利害関係者の職場への期待は、一様ではありません。ある関係者の期待は他の期待の関係者と葛藤する。あるいは漠然とした期待をしてくださってはいるが、具体的な内容がわかりにくい。また、期待の内容はよく理解できるが、それに応えるだけの十分な経営資源を職場が持っていない。場合によっては同じ利害関係者が矛盾する期待を抱いていることもあります。つまり、すべての期待に応えることは難しいのです。

重みづけ　そこで、どの期待に重点を置いて業務を進めていくのかを考えます。時間をかけて、じっくりと考えます。それが、職場使命の熟考です。十分に考えたリーダーの意思に対して、部下が納得したときに、職場の旗が立つのです。

コラム 3-3

意外に難しい期待の把握

　職場への期待を列挙する作業は、簡単ではありません。なかでも、上位組織や部下の期待がわかりにくいことが頻発します。

　上位組織の期待は、タテマエの期待はわかっていても、ホンネの期待がわかりません。また、部下の不満はわかっても、期待はわかりにくいことが多いです。上司のホンネの期待がわからなければ上司の協力は引き出せないでしょうし、部下の期待が理解できずに、部下のやる気を高めることはできないでしょう。

　これらのわかりにくい期待については、列挙した期待を相手に見てもらい、確認をしていくのが最も確かな方法です。

24 職場の存在理由を考える
（職場使命の熟考②）

　期待の列挙が終わったら、職場の存在理由をじっくりと考えます。中期（3～5年）の時間幅で考えます。

貢献対象　職場の存在理由として、3つの内容を考えます。第1は、職場が貢献するべき対象、つまり「誰に対して貢献すればよいのか」を考えます。具体的な人物や部門を基本としますが、「事業の将来性」といった概念的な貢献対象を考えることもできます。

貢献内容　第2は貢献の内容。貢献相手が受け取るメリットを考えます。私たちの職場が存在することによって、貢献相手はどんなメリットを受け取るのか、と考えればよいでしょう。相手の目線で考えることが必要です。

貢献方法　第3は貢献方法。私たちが実際にやることは何かです。職場の業務をひとことで表せばよいと考えてください。

　スポーツグラウンドの整備をする職場を例にとると、『「グラウンドを安全・快適に保つ」（貢献方法）ことによって「思い切ったプレーができる環境」（貢献内容）を実現して、「週末に気持ちいい汗をかきたいと思う人々」（貢献対象）に貢献する』といったことを考えるわけです。

　職場使命の熟考では、何回も何回も考え直して、適切な言葉を見つけ出す必要があります。その努力によって、部下が「そうだ！」と思える「職場の旗印」をつくります。それによって、上司のリーダーシップが部下に受容されると考えてください。

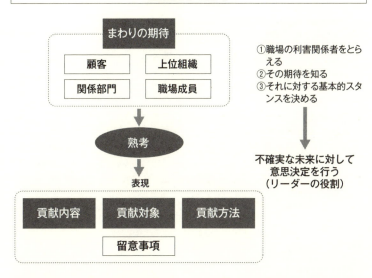

第3章 職場目標の設定

職場使命の熟考の記述例（販売３課）

顧客の期待

- 5000円クラス商品の品揃え充実を期待されている。
- 長く楽しめる良い商品を提供することが期待されている。
- 若い家族が好む「おしゃれな暮らし」を演出する商品を提供することが期待されている。
- 目新しい商品と暮らし方を提案することが期待されている。
- 高価でも満足できる商品を提供することが期待されている。

この記入例は架空の
は全国で生活ギフト
双方がある）を販売
す。ニュータウンに
近隣にオフィスを立
貨店の店舗と連携し
います。業務内容に
イベントへの出店、
売活動が含まれます。

この後のすべての
事例にして掲載し
イメージしていた

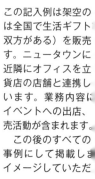

関係部門の期待

- 長期在庫品を作らないことを期待されている（物流）。
- 他社が足がかりをつくる前に市場を制覇することを期待されている（前任店長）。
- 前任店長が育てた若手をフルに活用することを求められている（前任店長）。
- 長期売掛金の削減が期待されている（経理）。
- 他地域並みの利益率を確保しながら、売上を加速度的に伸ばすことを求められている（販売管理）。
- 少数精鋭で職場を運営することを求められている（人事）。

	職
貢献対象	我が
貢献内容	市場／地域を確
貢献方法	よく／て急／る
留意事項	営業
文章化	成長／市場／リー／マー／場へ／での／し、／に貢

第3章 職場目標の設定

上位組織の期待

- ギフト用途をテコにして、売上を伸ばすことを求められている。
- 攻撃的営業を行うことが期待されている。
- 店舗スタッフの販売力を上げることを期待されている。
- 市場成長のスピードを上回り、最低でも15%は売上を伸ばすことを求められている。
- 部下にも考えさせ、課長が先頭に立って、販売課の活力を生み出すことを期待されている。

職場成員の期待

- 上層部の意向を直接知る機会を求めている。
- 過剰な負荷を軽減し、多忙感を減らすことを期待している。
- お互いの仕事がバッティングしないよう担当を決めることを求めている。
- 全国的に注目を集める店舗である状態を維持できることを期待している。
- 過去の上得意で休眠中の顧客の状況を知りたいと考えている。

25 職場を取り巻く状況を評価する

次のステップは、職場の状況評価です。職場を取り巻く状況を把握し、職場使命の観点から見た強み、弱み、機会、脅威（SWOT）を把握します。時間は中期的な幅を想定します。

SWOT 強み（Strongness）、弱み（Weakness）、機会（Opportunity）、脅威（Threat）の略です。このうち、強みと弱みは職場の内部要因、つまり、職場が保有する経営資源の強さと弱さの分析です。機会と脅威は職場の外部要因、つまり、職場を取り巻く環境がどうなっているのかの分析です。強みと機会は、職場使命の達成を後押ししてくれる要因、弱みと脅威はそれを阻害する要因です。これらの要因を考え、弱みを克服するために機会を活かす、機会を活かすために強みを利用するといった形で取り組むべき任務を考えます。

基軸となる視点 職場の状況評価を行う上で注意がいるのは、「職場の使命を達成する」という観点を持ち続けることです。それが重要なのは、2つの理由です。第1は、環境変化が職場に与える影響を把握したいからです。世の中に大きな影響を与える変化であっても、職場に与える影響のレベルで把握しなければ、職場の状況評価になりません。第2は、使命を前提に考えると、いっけん脅威や弱みに見えるものが、実は機会や強みに繋がっているというケースもあるからです。ある事実がプラスと評価できるのか、マイナスと評価できるのかは職場使命次第です。

職場使命と状況評価

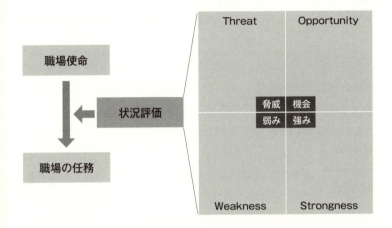

コラム 3-4

状況評価と実務家の能力

　状況評価を行うとき、同じ事実がプラス要因に見えたり、マイナス要因に見えたりします。

　拙宅には小さなお茶の木が2本あります。茶摘みをしてお茶をつくることを楽しめます。いっぽう、お茶の木にはチャドクガ（刺されると地腫れが3か月くらい続きます）という猛毒の毛虫がつきます。足を刺されたときには靴が履けなくなりました。

　手づくりのお茶を楽しむという角度から考えれば機会、チャドクガを考えると脅威。毎年、お茶の木を切るかどうかを迷います。

　筆者は優柔不断ですが、能力ある実務家は、いっけんマイナスに見える要因が持つプラス要素を識別する能力に優れているようです。

26 職場の任務を決める

　次は任務を考えます。職場が挙げるべき成果の領域や職場が取り組む課題を決めるステップです。職場使命と、職場を取り巻く状況を評価した上で、任務を決めます。任務を考える時間幅は半年もしくは1年です（中期的任務も考えられますが、目標管理の実務のサイクルに合わせます）。

任務の内容

　任務は、職場使命と状況評価の両面を考えて生み出します。「職場使命は○○。しかるに××の状況にある。従って△△に取り組む」と考えます。当然のことですが、任務には日常的な業務の遂行に関するものも入ります（日常的な業務を実施するためにその職場が存在しているのですから）。組織によっては、「目標には改善事項だけを取り上げ、日常業務と目標管理は別扱い」という目標管理を実践されていることがありますが、CMBOでは、重要な業務はすべて目標に設定すると考えます。

任務の数と条件

　任務の数は、職場の全員が覚えることができる程度の数に抑えます。具体的には4〜5程度の任務の数となります。また、職場が挙げるべき成果の8割程度がカバーできるような任務を設定することが必要です。

　任務は「○○を△△まで××する」という表現を基本形とします。任務のなかに、仕事の目的や価値を含む表現が含まれることが必須条件です。△△の部分に仕事の価値や目的、意味などを表す言葉が入る必要があるわけです。

使命・状況評価・任務の関係

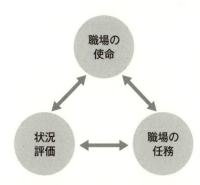

1. 職場の使命は〜〜
2. 然るに職場の状況は〜〜
3. 従って〜〜に取り組む
   → 4〜5項目で
   → 80%程度の成果を
   →「○○を△△まで××する」

シート：職場目標書

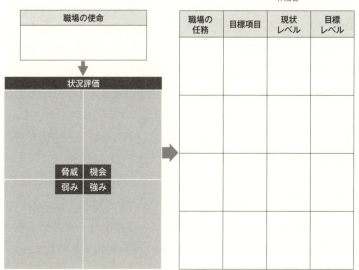

27 目標項目を考える

　任務が設定できたら、それが達成できたかどうかを評価するものさし（目標項目）を設定します。1つの任務に3つ以上の目標項目を考えます。

列挙と選択　目標項目を設定する目的は、達成状態をありありと描くためです。目標項目は定量的なものにこだわる必要はありません。例えば、店舗で「顧客満足度を高める」という任務があったとします。この成果測定のものさしを考えると、「顧客アンケートの回答点数」という定量的な目標項目が、まず思い浮かびます。しかし、不満足な顧客は、アンケートに回答してくれないかもしれません。ひょっとすると「顧客アンケートの回答率」の方が、ものさしとして適切かもしれません。また、わざわざアンケートをしなくても、「お店を出られるお客様の表情の柔らかさ」を見ていれば、満足度を把握できるかもしれません。満足したお客様は知り合いにこの店を薦めてくれると考えれば「お客様の紹介客比率」が、お客様の満足度を示しているかもしれません。なるべく多くのものさし候補を列挙し、そのなかから適切なものを選択します。

3つ以上の目標項目　1つの任務に3つ以上の目標項目を挙げると、2つの効果があります。第1は、成果をバランスよく表現できること。第2は新しい目標項目を発見できる可能性が増えること。より適切なものさしを探索する効果です。

目標項目と目標レベル例

任務	目標項目	目標レベル	その理由
ユーザーとの信頼関係を強める（生産財営業）	担当者への信頼感	他社の営業マンの動きを教えてくれるような状態	担当者に好意を持つ購買担当者は職務規律の範囲内では、他社の動きを教えてくれるはず。
	接触点の密度	3階層＋技術で接点がある状態	担当者、課長クラス、部長クラスで接点があり、技術部門の間でも接点が持たれている状態であれば、我が社への信頼度が高いと言ってよいだろう。
	セミ・クレーム件数	3件程度	部品を使っていて加工性が悪いときなど、クレームの形をとらず、状況報告といった形で情報提供があるだろう。
店舗に来るお客様の満足度を高める（洋菓子店）	紹介客比率	15％くらい	紹介客の比率が高まれば、以前のお客様が満足してくださったことがよくわかる。
	リピート客比率	60％くらい	リピート客比率が高まれば、以前のお客様が満足してくださったことがわかる。
	お客様の表情の柔らかさ	販売員の顔を見て口頭で何らかのやりとりがある状態	お客様が満足しておられれば、販売員とのやりとりも他人行儀ではなくなるであろう。

コラム 3-5

定性的な目標項目と目標レベル

　定性的な目標項目をつくるとき、ちょっとしたコツがあります。それは、目標項目に「〜〜の程度」とか「〜〜の度合い」という語尾を補い、目標レベルに「〜〜な状態」という語尾を補うという方法です。上記で言えば「信頼感の（度合い）」－「教えてくれるような（状態）」、「接触点の密度（度合い）」－「接点がある（状態）」、「表情の柔らかさ（程度）」－「やりとりがある（状態）」という対応です。

　目標項目はものさしですが、この段階で実施策を考えてしまうことがよくあります。それを防止するためには「〜〜する」という語尾を使わないようにするのもコツの1つです。

28 目標レベルを考える

目標項目と目標レベルは同時に考えます。

定量　定量的にレベルを表現できる場合、目標レベルの決定は難しくありません。ただし、その数値を達成できた状態を、ありありと思い浮かべることができるかどうかは、吟味しておく必要があります。営業の売上目標などの場合、数値は明確ですが、その達成イメージが湧かないという場合もあります。注意が必要です。

定性　定量的にレベルを表現できない場合、目標レベルをイメージする作業は、言葉に頼ることになります。このとき、頭のなかに「目標が達成できたら、どんなことが起きている？」「期末にどんな状態になっていたらよいのか？」を思い浮かべ、そのイメージを言葉にします。最初は戸惑いがあるでしょうが「〜〜な状態」と語尾をつけ、〜〜の部分を言い換えていくことによって、期末の状態を適切に表現できる言葉を見つけ出すことができます。

文殊の知恵　達成状態を言葉で表現する作業はミーティングが最も活きる場面です。誰かのイメージを他のメンバーが適切な言葉で表現してくれることが多いからです。当事者よりも観察者の方が言語表現は適切にできるようです。仲間の頭脳を借りる効果です。「そうそう！　言いたかったことはその言葉」と言えるような文殊の知恵の効果です。

コラム 3-6

現状レベルと目標レベル

　達成状態を考えるとき、現状レベルと目標レベルを対比させることが有効です。その理由は、①ルーチン業務も改善業務も同じ様式で表現できること、②改善業務についてはその改善幅を明らかにできること、の2つが可能だからです。現状レベルと目標レベルの差として、問題を明確にし、有効な実施策を考えるのです。

29 職場目標設定とミーティング

CMBOでは、職場使命を考えるのはリーダーの役目とし、職場目標を考えるのはミーティングで、というのが基本です。状況分析、任務の設定、目標項目、目標レベルのステップは職場メンバーが知恵を出し合って考えた方が、より質の良いものを得ることができます。

制約条件 しかし、ミーティングに使える時間に制約がある、メンバーが上手に議論ができない、あるいはメンバー間に葛藤があり素直に意見が言えない、といった制約があり、ミーティングの開催が困難な職場もあります。

優先順位 その場合、次のような優先順位でミーティングの開催を考えればよいでしょう。

①ミーティングが最も効果を上げるのは、次章で説明する役割の話し合いです。

②次に効果的なのは、目標項目と目標レベルの話し合いです。そこを話し合うことで目標が共有できます。場合によっては任務を修正したり、状況評価を修正することも可能です。

③第3に効果的なのは、状況評価と職場への期待の列挙です。どちらも、職場を単位に仕事を見る訓練になります。

ミーティングに投資できる時間の制約を考えに入れて、より効果的な場面でミーティングを行い、それが無理なところはリーダーが考えることにしていただいたらよいと思います。

職場目標設定の応用手順

1. 職場への期待から任務を導く

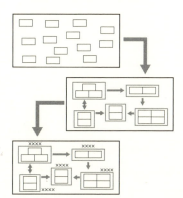

〈準備物〉ふせんカード、模造紙、サインペン
〈所要時間〉2時間程度
〈手順〉
① 職場に期待されることを思い浮かぶままに個人が記述（15分程度）
② それを模造紙の上で広げる（15分程度）
③ 似たものをグルーピングし、5つ～7つのまとまりをつくる（親和図法を使うとよい）（60分程度）
④ グルーピングされた期待のまとまりごとに、それに応えるために職場がやらねばならないことを考えて書き込む→職場の任務（30分程度）

2. 職場目標から実行計画までを一気に考える

職場の任務	目標項目	現状レベル	目標レベル	実行計画

〈準備物〉職場目標書兼実行計画書のシート（模造紙）、ふせんカード、サインペン
〈所要時間〉約3時間
〈手順〉
① 職場の任務を、意味を確認しながら書き込む（20分程度）
② 任務ごとに成果を測る目標項目を考える。思いついたものをふせんカードに書いて貼りつける（1つの任務につき10分程度）
③ 任務の観点から、最もふさわしい目標項目を議論のなかから3つ～4つ決める（20分程度）
④ 目標項目にあわせて、話し合いながらめもりを表現する（10分程度）
⑤ 途中で出てきた実行計画的な内容は、「実行計画」欄に書き込んだり、ふせんカードを貼ったりしておく

30 職場目標設定と上司の役割

　　上司の役割を整理しておきます。職場目標の設定では、自ら実施すべき場面とアドバイザーになるべき場面があります。

自ら行うべきこと

　　まず、職場使命の熟考は、上司が自ら行うべき作業です。なぜならば、それを考えることは職場の方向性を決める作業であり、そこにこそリーダーの存在理由があるからです。ただし、熟考を行うための素材集め（期待の列挙）は、部下の意見や上司の意見を聞く方が望ましく、そのためにミーティングを用いることはお薦めします。

アドバイザー

　　状況評価から目標レベルの決定までのステップはなるべくミーティングで実施してください。その時、ミーティングの司会は職場のNo.2に任せるほうがよいでしょう。そして、上司はオブザーバー兼アドバイザーの役割を果たし、議論のプロセスを見守ります。議論が順調に進む限りは介入を控え、メンバーの討議による学習を大事にしてください。時には、ミーティングに介入し、議論を方向づけてもよいと考えてください。

補助手段

　　ミーティング時間がとれない場合、リーダーが1人で考えることもOKです。その場合、ミーティングの優先順位は「目標項目と目標レベル」→「状況評価」→「任務」と考え、優先順位の低い順にリーダーが考えればよいです。リーダーが全部のたたき台をつくり、メンバーと個別に確認することも職場の状況によってはやむを得ないでしょう。

80

右欄外: 第3章 職場目標の設定

チェックリスト：職場使命

職場使命のチェックリスト	評価
1．列挙した期待は具体的で、ホンネの期待をとらえている。	
2．矛盾するまわりの期待をうまく取り込めている。	
3．職場のメンバーが「なるほど」と思える内容になっている。	
4．職場の関係者や上司が積極的に支持してくれる内容になっている。	
5．日常の作業をそのまま述べたものになっていない。	
6．日常業務の目的も十分に考えに入れた使命となっている。	
7．当面の改善課題に引きずられ、短期的になりすぎたり、偏ったりしていない。	
8．貢献対象、貢献内容、貢献方法の3つの要素が各々本質的にとらえられている。	
9．使命を考えるなかで、仕事の展開策や意味に改めて気づいたことがある。	
10．この使命が果たされないときに、どんな不都合があるのかが具体的に思い浮かぶ。	
合計点	

各項目を5段階で評価し、35点以上であれば可。40点以上ほしいところです。

チェックリスト：職場目標

職場目標のチェックリスト	評価
1．職場の使命を果たせるような任務が設定されている。	
2．機会や脅威、強みや弱みを十分に考えに入れた任務が設定されている。	
3．職場の任務を反映した目標項目が考えられている。	
4．職場の仕事によって得られる、期末の成果がありありと思い浮かぶ。	
5．現状のレベルと目標のレベルを項目ごとに対比的に押さえている。	
6．見通しもないまま精神論で設定した目標にはなっていない。	
7．定性的な目標を裏づける、仕事の質的な達成状況を目標に設定している。	
8．職場のメンバーが職場目標と、それが設定された背景をよく理解している。	
9．職場のメンバーが、職場目標を「達成できるかもしれない」と意欲的にとらえている。	
10．設定された職場目標を、上司や関係部門が「なるほど」と受け入れてくれる。	
合計点	

各項目を5段階で評価し、35点以上であれば可。40点以上ほしいところです。

81

職場目標書の記述例（販売3課）

職場の使命

成長を続けるエリア内のギフト市場において販売員のストーリー展開力を強化し、急速なマーケットカバーを行って、市場への他社の参入を防止し地域での圧倒的なブランドを確立し、我が社の将来の売上の安定に貢献する。

状況評価

脅威	機会
・早期に市場を押さえないと競争相手が手を打ってくる。 ・法人、外商、ホテル向け販売の粗利率が低下傾向である。 ・百貨店の外商に取引を取られる。 ・百貨店が他社の出店を勧誘している。 ・ギフト商品が多様化しストーリーが組みにくくなっている。 ・5000円クラスの品揃えが他社に比べ弱い。	・担当市場は、人口が増加し、成長が見込める。 ・競争相手は未だ十分な動きをしていない。 ・商圏の個人消費は底堅い見通しである。 ・百貨店への出店についての本社のサポートが得られる。 ・若い夫婦向けの新ブランドが発売予定となっている。 ・ナショナルブランドの有利さがある。

弱み	強み
・中堅営業マンが次々とローテーション対象になる。 ・営業マンが新しい営業ストーリーをつくれないままに動いている。 ・営業マンがバラバラに動き、お客様でバッティングが起こることが多くなっている。 ・DMの無駄が多く、休眠客の掘り起こしがうまくいっていない。	・働き盛りの営業マンが揃っている。 ・必要な人員の配置と訓練が終了している。 ・よく訓練された店舗スタッフがいる。 ・店舗の売上が安定している。 ・まとまった商談が増加傾向にある。 ・早期の入金催促が徹底されてきた。

職場の任務	目標項目	現状レベル	目標レベル
百貨店外商ルート、及び、大口の法人顧客の開拓を行い他社に参入のきっかけを与えない。	・外商ルート売上高 ・外商ルート粗利率 ・シンパ外商員の人数 ・法人ルート売上高 ・同伸び率 ・法人ルート粗利率 ・他社参入の防止	・2583百万円、対前期145% ・15%、対前期比2%のダウン ・キーマン2名が当社のシンパ ・2080百万円 ・対前期比109% ・16%、対前期横這い ・進出百貨店への接触が始まった様子	・3500百万円、対前期135% ・15%を維持 ・キーマン周辺3名をシンパに ・2300百万円 ・前期対比110% ・17%、対前期1%アップ ・進出百貨店からこちらにもオファーがくる状態
良い接客態度で安定的な店舗販売を行い、店舗の信用とブランドイメージを保つ。	・店舗ルート売上高 ・店舗粗利率 ・ディスプレイ技術のレベル ・顧客名簿の整備状態 ・DMへの反応率 ・接客マナーのレベル	・2785百万円、対前期101% ・32%、対前期3%アップ ・百貨店の他の売場に見劣りする状態 ・購入時点で作成された名簿が更新されていない状態 ・0.8% ・お客様からお褒めの言葉を頂くレベル	・3200百万円、対前期114% ・31%、対前期1%ダウン ・百貨店内の売場の中の上位20%に入る状態 ・DMに反応のある顧客と無反応な顧客が区別された名簿となっている状態 ・1.2% ・百貨店内でのトップレベル
工夫した訪問を行うことによって、休眠中の有望顧客を掘り起こし、大口個人客を確保する。	・訪問販売粗利 ・同伸び率 ・市場の熟知度合い ・販売ストーリーの魅力度	・1132百万円、対前期82% ・21%、対前期3%アップ ・休眠顧客、新住民の状態が把握できない状態 ・提案に魅力がなく、結果的にご用聞き的な営業になっている状態	・1600百万円、対前期141% ・20%、対前期1%ダウン ・休眠顧客、新住民の状態が明確になった状態 ・担当者が営業ストーリーに新鮮さを感じて、面白いと感じながら活動している状態
持っている力を出し切り、営業事務においても活力のある効率的な職場をつくる。	・市場情報の共有度合い ・連絡事項の徹底度合い ・デリバリーミス件数 ・店舗との情報連絡の密度 ・営業担当のやる気	・個人が別々に所有しており、営業活動の重複が起きる状態 ・連絡不徹底のため手直し事務が多い ・やや増加傾向(8件) ・店舗スタッフが情報をほしがっている状態 ・マンネリに陥り、力を十分出し切れていない状態	・法人担当者と個人担当者の間で活動が重複しない程度の状態 ・手直し事務が減り、田宮の過剰な負荷がなくなる状態 ・5件以内 ・店舗スタッフが十分にやりとりできていると感じる状態 ・新鮮な感覚で力を出し切っていると感じる状態

おまけのコラム③

写真自分史

新潟市にある博進堂という会社が「写真自分史」のキットを使ったセミナーを展開しています。価値観を伝承する仕組み（ワーク・ショップ）です。先輩と後輩がペアーをつくり、先輩の自分史アルバムをつくります。

作業は2日間で行われます。初日は、先輩に対する後輩の取材活動。2日目は写真探し、レイアウトなどを行い、原稿をつくり上げます。取材も写真探しも先輩と後輩との協働作業ですから、作業を通じて先輩の価値観が浮き出てきます。

各作業のマニュアルやワークシートが準備されているので、素人でもきちんとしたアルバムができあがるのに加え、原稿を博進堂がアルバムに仕上げてくれます。

卒業アルバムで培われたノウハウが活かされた立派なアルバム。いただいた方は嬉し恥ずかしの表情をされるので、見ていて気持ちがよいです。

筆者が参加したとき、高度な技術を持つ企業の現場を定年退職された方が参加されていました。その方の価値観を知りたくていろいろ質問したのですが、いつも返ってくる話は「社長が偉い人だったので、言われることについて行っただけです。自分が学校を卒業したときに東京に出ることもできなかったし、たいしたこと無かったから」という答えです。フォロアーに徹した人の一徹さを見た気がしました。

できあがったアルバムには、ご本人と社長が必ずいっしょに写っておられます。楽しそうです。日本の製造業の強さの一端を見せていただいた気持ちがします。

第 **4** 章

役割の形成

　　第4章では、職場内での役割の形成について理解
を深めていただきます。職場目標に向けて個々の仕
事をどう関連づけ、職場集団のなかで個人間の関係
をどうつくるかを考えるのが、役割形成のステップ
です。職場が持つ力を職場目標に向けて結集するこ
とが目的です。役割の考え方は、職場主義目標管理
の要となる考え方です。しっかりと理解をしていた
だくことを願っています。

31 役割＝職務分担＋職場での動き方

　　役割とは、職場内でのある人の行動様式のことを意味します。簡単に言えば職場でのその人の役目。遂行すべき実務と、その仕事を進める上での動き方です。役割は、職場目標を目的としたときの手段ですが、個人にとっては、その人が職場に配置されている存在理由ともなります。

行動様式　職場内での個人の行動様式にはさまざまなものがあります。わかりやすい単語で役割を表現すると、リーダー、フォロアー、教え役、世話役、主役、脇役、叱り役、叱られ役、広報係、交渉役、まとめ役、先生役、舵取り役、手助け役、チェック係、アドバイザー等々、さまざまな動き方があります。つまり、各々の担当者がさまざまな役割を果たしながら、職場が動いています。

職務分担　いっぽう、私たちはひとまとまりの仕事を分担しながら仕事を進めています。固定資産管理、進捗状況管理、顧客訪問、現金管理、予算管理などの言葉で表現されます。こちらについては、担当者の能力や経験を考えに入れながら、分担を考えています。

　　注意が必要なことは、職務とその職務を担当する人の動き次第で生産性が変化することです。また、それを理解することが仕事を学習することに繋がります。この点を意識して、職務とそれにともなう行動様式のワンセットごとに仕事を配分する考え方が、役割の考え方です。

目標と役割

	目標	役割
意味すること	期待される結果	期待される役目
	達成状態のイメージ	行動様式
	期末の状態	期中の動き
職場にとって	What	How
個人にとって	前提条件	Why

コラム 4-1

文楽と役割

　文楽を見ていると、義太夫の聞かせ場所になると、人形はあまり動かなくなり、人形の美しさを強調するときには義太夫の声が背景に退く傾向があります。各々の見せ場、聞かせ場を活かすために相互に配慮し、観客の目や耳をそちらに集中させるようです。文楽を観客に楽しませるという目標のもとで、役割を調整しながら仕事を進めておられる印象を受けます。

32 職場での役割の類型

　私たちが職場で果たしている役割は、大まかには右頁のように類型化できます。

実務遂行　第1は定められた実務をきっちりと遂行する役割です。職場の基盤となる役割です。通常行われる職務配分は、実務遂行役割の配分であることが多いようです。

職場維持　職場の能力を維持するため、組織人としての行動の基本を守る役割です。ルールを守ったり、躾を行ったり、相互に注意をしたり、基本的なルールを教えるといった行動もこの役割に含まれます。

問題解決　実務を遂行していくなかで、環境変化の情報を入手したり、問題点に気づいて、改善案を考え実行していく役割です。職位が低い場合であれば、改善提案に結びつくでしょうし、職位が高ければ、新たなプロジェクトや委員会の設置などに結びつくでしょう。

組織強化　現在の職場能力をより高める役割です。顧客や他部門との関係を強化したり、職場内のコミュニケーションを活発にするなどの行動です。

　4つの役割がセットになっているのが私たちの仕事の実態です。従って、実務遂行役割以外の役割がどこまで果たされるかが活力ある職場と活力のない職場を分けます。職務分担を行っているだけでは、活力ある職場を生み出すことができません。

役割の類型

仕事指向

[実務遂行役割] 定まった実務を予定通りに遂行する役割	**[問題解決役割]** 仕事のなかに問題を見つけ解決方策を考え実施する役割
[職場維持役割] 職場の能力を一定に保つための行動（職場のルールを守り、伝えていく役割）	**[組織強化役割]** チーム力を高めたり、他の関係者との連携を良くする役割

維持蓄積 ← → 改善革新

人間指向

コラム 4-2

役割の創造

　役割は職場で創造することができます。例えば、職場維持の役割に関して考えると、挨拶運動リーダー、職場のイベンター、業務の調整弁、引き締め役、出来映えチェック係、和ませ役等の役割を考えることができます。また、同じ実務を担当していても、役割を少し変える（例えば、教えられる役割から自分で判断する役割に変える）ことで担当者の行動レベルも変わってきます。役割を職場で創造することが大切なゆえんです。

33
役割の形成と固着

　健全な職場では、役割は柔軟に変化します。逆にマンネリに陥った職場では、役割が固着します。

役割期待　職場では、メンバーがお互いの行動に何らかの期待をしています。それを役割期待と呼びます。私たちは、役割期待を察知し、それに応える努力をします。期待にうまく応えれば、まわりの人の期待がふくらみ、新たな期待が生まれます。逆に、期待に応えそこねると、まわりの人の期待がしぼんでしまいます。このように職場では、まわりの人の期待と当事者の反応の繰り返しが積み重ねられ、やがて安定した役割が形づくられます。

職場の活力　いっぽう、健全な職場の担当者の能力は仕事を経験するなかで徐々に向上していきます。もし、職場のメンバーがお互いを高めあうような期待が持てれば、より高度な仕事に私たちは挑戦します。つまり、役割期待はプラスのサイクルをまわって高度なものに変わっていきます。逆に、他の人に関心がなければ、期待は変化しません。その場合、私たちは、後ろ指を指されないように仕事を進めるはずです。その結果、役割が固定化し、担当者はマンネリ状況に陥って、意見も言わず、ミスだけはしないという仕事ぶりに陥ります。

　お互いの役割期待を高いレベルにつくり上げていくことが、良い職場をつくるための大事な作業です。

第4章 役割の形成

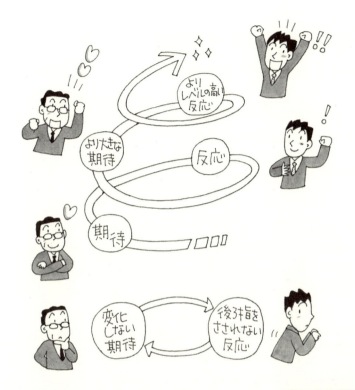

コラム 4-3

もてあます能力

　能力が高まると、担当者はより高いレベルの仕事に挑戦したいと思うはずです。ところが、まわりの期待が変化しない職場では、その人は「挑戦したい」と言い出さないこともあります。担当業務をそつなくこなすことだけを期待されていると思えば、わざわざ失敗するかもわからないことに挑もうとは思わないでしょう。その結果、自分の能力をもてあまし、仕事にそれが向けられなくなります。つまり、未開発の資源として職場に埋もれてしまいます。もったいないですね。

34 個人から見た役割

　個人の側から役割を考えてみましょう。個人は、仲間からの役割期待を感知し、自分の希望と統合して役割を設定します。

役割認知　職場における個人への期待は、文章で提示されるわけではありません。日常の立ち居振る舞いに対する微細なフィードバックから私たちはそれを感知します。職場での声のかけられ方、相談の持ちかけられ方、上司からの指示や相談の内容、当然ですが、他職場やお客様からの情報。それらの情報の積み重ねから、自分自身への役割期待を感知します。それをうまく認知できないと、自分の役割が曖昧になり、ストレスが大きくなります。役割認知力は私たちのストレスも軽減してくるわけです。

役割設定　しかし、まわりの人たちからの期待は、必ずしも自分のやりたいことと合致しているわけではありません。個人にはキャリアプランがあります。今の時期に果たしたい役割を持っています。つまり、期待される役割と自分が果たしたい役割の間に葛藤が生まれる可能性もあります。

　このような状況になったとき、役割期待と自分が果たしたい役割を統合する新たな役割を創造することが、個人の側から見た役割形成です。配分された職務を受け身で果たすことに留まらず、自ら工夫をして新たな役割を形成する。その努力が、相互に納得できる役割を職場に生み出し、個人の希望を現在の制約のなかで実現する方策となります。

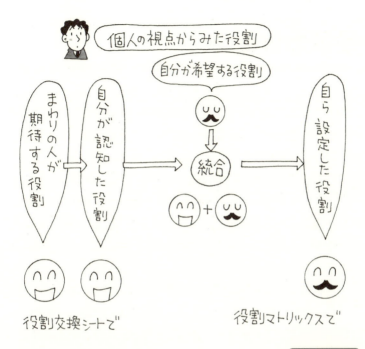

コラム 4-4

積極性・協調性と役割

　日本の職場では協調性や積極性が大切だといわれます。この表現は、人の態度に着目した表現です。これに対して役割の表現であれば、「自ら買って出る」とか「まわりの人を助ける」という表現になります。この表現は人の行動に着目した表現です。前者は、人の態度ですから、ひいては、性格の議論に近づきます。後者であれば、人の行動ですから、それは職務上求められる行動の議論になります。つまり、役割に着目することによって、とかく人の性格の議論になりがちな集団内での協調的行動や積極的な行動を、「職務上求められる行動＝役割」としてとらえようとしているわけです。

35 役割の決め方

　役割を決めるに当たっては、職場目標の達成を図ることが、第1の優先順位です。しかし、同時に次のことも考えに入れながら話し合うことが必要です。

能力開発　担当者の能力開発に向けて、今、どんな役割を引き受けるのがよいかという観点です。例えば「資料を作成する」という限定された役割を果たしていた担当者に「資料を作成し、関係者を説得する」という役割を加えて、その方の能力開発を進めるといった観点です。

等級基準　職場メンバーの等級に応じた役割に近づけるという観点です。職場の仕事は必ずしも等級基準に応じて組織されているわけではありません。従って、基準に完全に合わせることは困難です。しかし、上位等級の人がより難しい役割を引き受けなければ、職場に不公平感が生まれてしまいます。

持ち味　とはいえ、職場のメンバーの能力や持ち味は多様です。あることについては秀でている人でも、他のことについては全く駄目という場合もあります。能力開発のために弱点を補強することを別にすれば、職場メンバーの持ち味をうまく活かすように役割を形成するのが、目標達成に向けての近道です。

　以上の4つの観点は、必ずしも整合するわけではありません。ある程度の折り合いをつけながら役割を設定していくわけです。また、それに全員が納得することによって、公平感が生まれます。

役割設定の視点

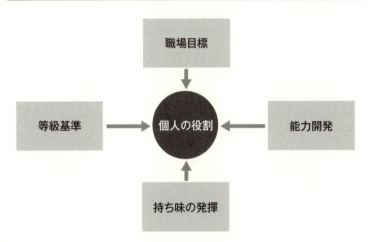

能力開発のために役割を交換！

36 役割形成ミーティング(標準型)

　役割は、職場の全員が参加してミーティングを行い、そこで互いに話し合って、合意を形成しながら決めていきます。

役割マトリックス　話し合いには役割マトリックス（右頁）を用います。シートは話し合いをするための土俵と考えてください。標準的な進め方は、

①職場目標に向けて、自分の役割と思う内容を10枚程度、カードに書き、自分の欄に貼りつける

②全員が貼り終えたものをたたき台とし、「書いてある役割がすべて果たされれば職場目標が達成できる」かどうかを議論する

③不足する役割、変更すべき役割を見つけ出し、それを誰が担うかを話し合って、たたき台を修正する

④最後に、1人ずつの役割を見て、その役割を果たすことがその人の能力開発に繋がるかどうかを吟味する。必要があれば修正する。また、業務負荷が偏っているようであれば、その点の調整も行う

というものです。

　話し合いの司会は、その職場の誰か（No.2がよいでしょう）が行い、上司はアドバイザー程度の役割を保つとよいようです（上司は、職場目標が達成されるかどうかという観点から、メンバーの役割ミーティングにアドバイスを行います）。

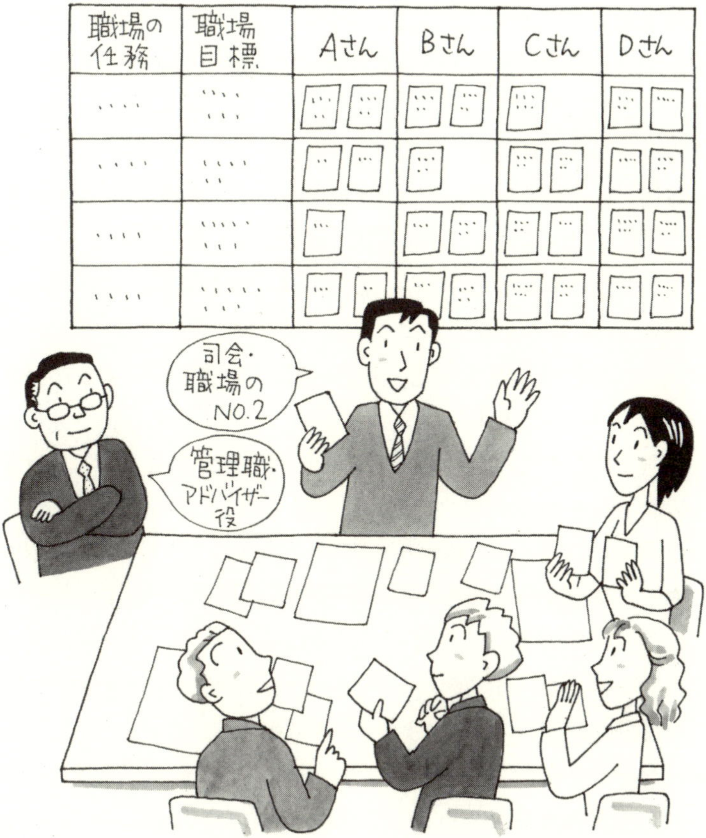
職場の任務
職場目標
Aさん
Bさん
Cさん
Dさん
司会・職場のNO.2
管理職・アドバイザー役

37 役割形成ミーティング（職場開発型）

　役割形成ミーティングの第2のやり方は、他の人が期待している役割を知ることから出発する方法です。職場開発的なやり方と言えます。

　この方法は、次のような手順となります。

①職場目標を見ながら、自分以外の各担当者に期待する役割を考え、カードに記入して、該当欄に貼りつけます。

②全員が貼り終わったら、貼られた人がその役割を引き受けるか、引き受けないかを発表します。

　→このとき、「勘弁して！」カードをしっかりと提示することが話し合いのコツです。

③担当者が引き受けた役割はそのまま採用し、「勘弁して！」と意思表示したものについて話し合いをします。

　→「勘弁して！」の理由を説明し、「勘弁してもらいたい理由」を除去できないかどうかをみんなで話します。少し手伝う、他の業務を引き受けるなどで「勘弁して！」から「引き受ける」に変わるとよいわけです。

　→「勘弁して！」をそのまま認めることもアリです。

④「勘弁して！」について話し合いを進めて行くと、その人以外の担当者の役割が変わることがあります。それが起きてくると役割マトリックスを議論する意味が、きわめて明確になってきます。

第4章 役割の形成

38 役割形成ミーティング
（大人数職場の簡便法）

　　人数が多い職場（おおよそ10人以上）になると、役割マトリックスは、労力の割には得られる効果が乏しくなります。マトリックスが複雑すぎて、一覧性が失われるからです。このようなときには次のような方法をとります。

チームで作成

　　第1は、役割マトリックスの個人名の代わりに、何人かをひとまとめにしたチーム名を記入し、チームと個人名が入り交じった役割マトリックスをつくる方法です（この場合、チームの役割欄には、チームの任務が書かれることになります。チームではチームの役割マトリックスをつくります）。そうすれば、一覧性を確保することができます。

簡易役割マトリックス

　　第2は、簡易役割マトリックスという方法です。この方法は職場目標書に職場の実行計画を書き込み、実行計画ごとに担当者の役割を、リーダーは◎、担当は○、補助担当は△、などの記号で表現します。また、その他の役割（例えば、チェック者やアドバイザーなど）を考え記号で書き加えます（過度に複雑な役割を表現しようとすると、かえって一覧性を失いますので、特別な役割は色を変えたりするとよいでしょう）。

　　このように作成された簡易役割マトリックスは、役割の細かなポイントは表現できないものの、その職場全体の役割の配分が一覧でき、業務負担の状況や能力開発の状況を職場全員が確認できる仕組みとなります。

シート：簡易役割マトリックス														
職場の任務	目標項目	目標レベル	主な具体策	氏	氏	氏	氏	氏	氏	氏	氏	氏	氏	氏

作成手順

①職場目標書と主な実行計画を職場の幹部で作成

②各担当者の役割を職場の幹部が考え記号で記入

③それをたたき台として掲示し、担当者の意見を聞く

④最終確定したものを当期の役割とする

コラム4-5

職場での人間関係トラブル

　職場での人間関係のトラブルには、「自分流の役割の理解」が絡んでいるように見えます。「そんな話は聞いていない」という人は、その案件に自分が何らかの役割を果たそうと考えており、「情報を入れなかった」人は、その案件にその人が関与することを想定していないわけです。職場での人間関係トラブルの半分程度は役割を相互に誤解することから発生しているようです。

39 役割マトリックスの活用

役割マトリックスは職場の仕事の一覧表でもあります。その性質を活かすと、さまざまな活用方法を考えることができます。

個人目標書　第1は、個人目標書の代わりにする方法です。ルーチン業務が多い職場やパートさんが多い職場などでは、役割マトリックスに個人目標書の機能を持たせることができます。

進捗管理　第2は、進捗管理の見える化の方法です。役割マトリックスのセルごとに、月末に進捗状況を記号で記入します。常に進捗状況を一覧できるものとなります。

入力資源管理　第3は、役割ごとの投入資源（時間、お金）を記入する方法です。特に、投入時間（予定）を記入すると、上司と部下との間の業務の重要度認識の違いが目に見えます。そこから業務改善の課題を発見できることも少なくありません。

OJT　第4の方法は、役割マトリックスの欄外に、個人ごとの能力開発のポイントを記入する方法です。OJTの目標書になるわけです。

業績評価　第5の活用は、業績評価時に、役割の果たし度合いを評価する使い方です。評価者にとっては安定的な評価を行うための有力な方法になります（進んだ職場では、この作業をミーティングで行うことも可能です）。

これらの活用方法は、職場の成熟度によって使い分けるとよいでしょう。

役割マトリックスの活用例

任務	目標項目・目標レベル	Aさん	Bさん	Cさん	Dさん
	・・・・・・・	100時間	300時間	◎◎△△◎◎	◎◎◎◎◎◎
	・・・・・・	◎ △ △ ・ ・	△ △ △ ・・・	90%	120%
	・・・・・・・	150時間	200時間	△△△×× ×	◎◎×◎◎◎
	・・・・・・	○ ○ △ ・ ・	○ ○ ○ ・・・	30%	90%
	・・・・・・・	300時間	400時間	○○○○○△	△◎△○△◎
	・・・・・・	○ ○ ○ ・ ・	○ ○ △ ・・・	60%	60%
	・・・・・・・	250時間	100時間	×××◎◎◎	××××× △
	・・・・・・	△ △ △ ・ ・	◎ △ ◎ ・ ・	90%	10%
その他		400時間	100時間	◎△◎△○○	△△△△△△
		○ ○ ○ ・・・	○ ○ ○ ・・・	70%	50%
能力開発のポイント		説得力ある プレゼン	論理的な 文章力	ミーティング での発言量増	問題解決 ストーリー習得

投入時間、進捗管理、能力開発ポイントを例示しています。

進捗管理、業績評価の例示をしています。

コラム 4-6

役割マトリックスを行動メモに

　役割マトリックスの下部に、部下の行動メモ欄を設けます。一定期間ごとにメモを取り、部下指導と期末評価に活かします。

任務	目標項目・目標レベル	Aさん	Bさん	Cさん	Dさん
	・・・・・・・	100時間	300時間	◎◎△△◎◎	◎◎◎◎◎◎
	・・・・・・	◎ △ ◎ ・ ・	△ △ △ ・・・	90%	120%
能力開発のポイント		説得力ある プレゼン	論理的な 文章力	ミーティング での発言量増	問題解決 ストーリー習得
プラスと評価できる行動					
マイナスと評価できる行動					

役割形成と上司の役割

役割形成段階での上司の役割は大きくは2つです。

管理人　上司はミーティングの管理人という役割を持ちます。ミーティングを行うための時間の確保、ミーティングの前提となる職場目標の検討などを行うと同時に、職場のメンバーが、ミーティングで自由に意見交換できる場をつくる働きかけを行います。また、ミーティングの司会者と事前に十分に打ち合わせ、議論の焦点を絞るなどの努力も必要です。加えて、ミーティングはその積み重ねが重要ですので、ミーティングがつまらない時間になったり、余分な負荷にならないよう、メンバーが議論をしたがっているポイントを察知しておく必要があります。

しかし、同時に、メンバーの議論が職場目標の達成に繋がるかどうかは厳しく観察しておき、場合によっては、意見を述べることもよいでしょう。

アドバイザー　上司は討議のプロセスや内容にアドバイスを与える役割も持ちます。メンバーが仕事を考える上での情報を十分に持っていないときには情報を提供する、メンバーが迷っているときに、決断を引き受ける、メンバーの気持ちを議論に集中させるなどの、ちょっとしたアドバイスを行うことで、司会者のミーティング進行を手助けします。

総じて役割形成段階では上司は控え気味に構え、職場目標の達成にだけはこだわるという姿勢を示せばよいです。

チェックリスト：役割マトリックス

役割マトリックスのチェックリスト	評価
1. お互いの仕事が、どこで繋がっているのかがイメージできる。	
2. 各担当者が、何を大切にして仕事を進めればよいのかが、お互いにイメージできる。	
3. （横に見て）設定した役割を果たすことによって職場目標が達成できる。	
4. （縦に見て）特定の人に仕事の負担がかかりすぎていない。	
5. （縦に見て）特定の人が、仕事が易しすぎたり、マンネリになったりしていない。	
6. （縦に見て）役割のなかに、担当者の能力開発の課題が組み込まれている。	
7. 職場目標の変化に対応して、個人の役割が変化している。	
8. 各担当者の役割は、その人の行動ガイドで期待されているものにふさわしい。	
9. 職場メンバーのお互いへの期待は、十分受けとめられている。	
10. 前期の役割マトリックスに比較して、職場目標も個人の役割も進歩している。	
合計点	

各項目を5段階で評価し、35点以上であれば良好。40点以上ほしいところです。

第4章 役割の形成

コラム 4-7

エクセルと模造紙

　CMBOのミーティングは、基本的には模造紙を掲示して実施します。壁に貼った模造紙に全員が向かい議論をする方法は、今の論点と全体の関係がわかりやすいからです。ところが、ミーティングが終了すると、それをエクセルに転記する必要があります。面倒です。それを省こうとすれば、エクセルを投影する方法が考えられます。ただ、エクセルを投影した場合、一覧しながら議論するというよさが失われます。どちらの方法がよいか迷うところですが、手間はかかっても模造紙を用いる方が、議論の内容がよくなるようです。

役割マトリックスの記述例（販売3課）

職場の任務	中田課長（店長兼務） 部下の働きやすい環境づくりに注力	山田係長 内部管理の中心となる。重要法人営業担当	下田主任 個人営業担当総括	八田課員 法人・重要個人顧客営業担当（東地区
百貨店外商ルート、及び、大口の法人顧客の開拓を行い他社に参入のきっかけを与えない。	・百貨店外商と商工会トップを定期的に訪問し自社の認知度を高める。	・上司と連携し、主として小田に手ほどきをしながら、重要法人への食い込みを図る。 ・法人の人事異動にともなう顧客情報を下田に提供する。	・個人顧客からの紹介情報を活かして、山田と連携して法人への食い込みを図る。 ・八田とともに地域の有力者との人脈を厚くする。	・個人顧客からの紹介情報を活かし法人への食い込みを図り、山田を佐する。 ・下田と協力して地域の有識者との人脈を広げる。
良い接客態度で安定的な店舗販売を行い、店舗の信用とブランドイメージを保つ。	・店舗スタッフの情報と百貨店外商の動きを考えに入れながら、下田・柿田に有効なアドバイスを行う。 ・外商や百貨店全体の動向に注意を払い、百貨店の意向を先取りするような企画をつくることを部下に促す。		・定期的に店舗を訪問し、陳列や接客に関するアドバイスを行う。 ・小田や柿田の活動と連動し、主としてスタッフ間の人間関係をケアする。	
工夫した訪問を行うことによって、休眠中の有望顧客を掘り起こし、大口個人客を確保する。	・課員が得た情報をまとめ、担当エリア販売戦略の重点を絞る。	・地域の有力者へのよりいっそうの食い込みを図り、良質の情報を入手し、課員に伝える。 ・田宮を指導して月次の販売進捗状況を把握し、課員全員で共有する。		・東地区の休眠顧客を掘り起こしながら、新規見込客マップをつくるとともにエリアの戦略を提案する。 ・東地区での法人営業活動によって情報を入手し、大口個人客への営業活動を強める。
持っている力を出し切り、営業事務においても活力のある効率的な職場をつくる。	・可能な限り販売活動に時間を割き、トップセールスを行って、課員が活動しやすい状況をつくる。	・課内の日常管理業務のリーダーとして課長の負荷を軽減しながら、課内に目を配る。 ・課内の連絡会を確実に開催する。	・課の切り込み隊長として顧客に食い込み、質の良い情報を課員に提供する。	・自らが中心となり販売技術向上勉強会を主催する。 ・田宮の情報をもとに、滞留債権の収策を担当者とともに考える。
その他	・社内で販売3課のPRを行い増員を働きかける。	・売掛債権と在庫に関する注意喚起を働きかける。	・目標と実績の差を小さくするように、十分に考えた販売計画をつくる。	・カード決済への移行の進捗状況を把握し予定通りに営業を進める。

注 1）目標項目と目標レベルの表示を省略しています。
　　2）人名の下にある行は説明用に追加しています（実際の役割マトリックスには不要です）。

高田課員	柿田課員	小田課員	田宮課員
法人・重要個人顧客営業担当（西地区）	百貨店担当	法人担当（学習中）百貨店担当	事務担当
地域の商工会のイベントに協力しつつ商工会メンバーとの関係性を強める。	・百貨店外商の値引き圧力に負けずに粘り強く折衝する。 ・外商に足繁く通い、我が社の強みを良く認識させる。	・山田と連携して、紹介を受けた法人に足繁く通い、商談に結びつける。 ・課内の他メンバーの支援を得たりしながら、商談のスピードを速める。	・営業担当の活動状況に注意を払い、ミスデリバリーや納期遅れに注意をして、デリバリーの手配を行う。
	・店舗スタッフとよく連絡を取り、営業活動に効果的なイベントを企画する。 ・店舗スタッフの陳列に有効なアドバイスを行う。	・時々店舗に立ち寄り、スタッフの気持ちを聴いたり、店舗での売れ筋情報を仕入れたりする。	・店舗での売れ行きを早めにキャッチし、品切れによる機会損失、不良在庫を発生させないようにデリバリーを手配する。
西地区の休眠顧客を掘り起こしながら、新規顧客のマップをつくるとともに、西地区に密着した販売企画を提案する。 西地区の法人営業で入手した情報を八田と共有し、大口個人客への営業活動を強める。	・小田と協力しながら店舗のイベントと連動したカタログ販売の新規展開策を考え、実施する。	・柿田を補佐してカタログ販売の新規展開策を考え、実施する。 ・顧客台帳の入力を田宮とともに行い、地域の重要顧客を把握する。	・顧客と営業マンの関係を頭に置きながら、電話での受注を行う。 ・パソコンの顧客台帳を都度更新し、最新のデータベースにしておく。
イベントの多角的な展開を考え、課員全員が関与し、情報を得られるような企画を行う。	・込み入った値引き処理を確実に田宮に伝える。 ・地域の多様な情報を確実に田宮に伝える。		・滞留債権の担当者に、定期的にアラームを出す。 ・ミスデリバリーの統計を取り、QC手法で解析する。
		・みんなが楽しめる課内行事を企画実施する。	・事務所内の明るい雰囲気を保つ。 ・仕事量が多い時にまわりのメンバーに遠慮せず助けを求める。

おまけのコラム④

ヨガからの学び

　筆者が細々と続けていることに沖ヨガがあります。身体をテキストにして学ぶという考え方に魅力を感じています。

タコのイメージ

　沖ヨガにイメージを用いて身体の動きを変える行法があります。最初に無理をしない程度で立ったまま前屈し、どこまで曲がるかを確認します。その後、自分がタコになったつもりでしばらく身体を動かします。タコのように柔らかな動きができるようになったら、両手を頭上に挙げ、大きく円を描くように上体を折り曲げます（このとき、ゆっくり息を吐きながら動作を行います）。そして、どこまで曲がったかを確認します。筆者がいっしょに実習した方のなかには30cm以上曲がるようになった方がおられ、びっくりしたことがあります。何人かでやると半分くらいの方は、5cmくらいは曲がるようになります。

身体の歪みの確認

　立っている場所がはっきりわかるようにした上で、目をつぶって、その場で足踏みを30回ほど行います。終わったら、どこまで身体が移動し、どちらを向いているかを確認します。身体が歪んでいる分だけ移動距離も身体の回転も大きくなります。筆者は移動距離が大きくなると腰痛が出るので、時々、この行法を行って腰痛の予防に結びつけています。

第 **5** 章

個人目標と
進捗管理

　第5章では、個人目標の設定、実行計画の作成、進捗管理のやり方の3つを説明します。ポイントになるのは、

①職場での役割に応じた個人目標を設定すること、

②実行計画のなかに「新たな実施策」を入れ込むことで、マンネリにならないようにすること、

③簡単な進捗管理方法で確実に実施すること

の3つです。個人目標を設定する作業を、仕事を研究する機会として活かす、という考え方を持っておくことが大切です。

41 仕事の理解を深める個人目標

　役割の形成が終われば、個人目標を設定します。このとき、考えるべき内容は、役割、目標項目、目標レベルの3つです。

標準的手順

　まず、役割マトリックスの記述内容を5つ程度に編集（まとめなおし）します。そのときに、役割をもう一度考え理解度を高めます。次に、成果を測るものさし（目標項目）とめもり（目標レベル）を考えます。役割を果たしたか果たさなかったかを判断するものさしです。要領は職場目標のときと同様です。最後に目標の難易度を自己評価します。

　難易度の自己評価は担当者の主観的難易度でかまいません。苦手なことであれば難易度が高いでしょうし、得手なことであれば難易度の評価は低くなるでしょう。これらのステップを行った上で、実行計画を作成します。

応用ワザ

　以上は標準的な手順です。ただし、個人目標の段階では、目標項目と目標レベルを弁別することにこだわらない場合もあります。努力することそのものを目標とせざるを得ない仕事などの場合です。その場合、役割そのものを個人目標とすればよいです。

　標準的でない手順を用いる場合にも、担当者が自分の仕事についてしっかりと考え、仕事の改善や能力開発に繋がる目標を設定することがポイントです。担当者の能力から考えて、少し背伸びして仕事を考えることができ、仕事の理解が進むような個人目標が設定されればよいと考えてください。

個人目標の設定手順

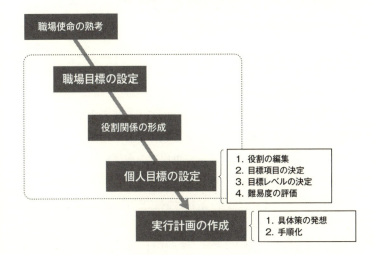

シート：個人目標書兼実行計画書

役割	目標項目	目標レベル	難易度	実行計画					
				月	月	月	月	月	月

※個人目標書は、仕事特性と本人の能力に見合った多様なものを用いればよいです。その場合、上記シートのどの部分を省略するのかを意識するとCMBOとの連動を確保できます。

役割の深い理解と共有

　　担当者が良い個人目標を設定できるかどうかは、役割をどこまでしっかり理解し、他の人と共有できているかにかかわります。

　　法人営業担当者の顧客訪問業務を例に考えてみましょう。

①他社の営業攻勢を防止できる営業戦術を打ち出す。

②顧客のニーズをとらえ、問題解決提案で商機をつかむ。

③顧客と自社の技術交流を仕掛け、ビジネスの種を見つける。

　　これらは、顧客訪問という業務は同じでも役割が異なります。

求める成果
　役割が違えば、求める成果や日常活動の力点が変わります。①であれば、最も重要な目標項目は、顧客内でのシェアであり、他社の営業活動に関する情報の入手が大事な日常活動でしょう。②であれば、新規売上高や問題解決提案の採用度などが求められ、日常的提案活動が必要です。③であれば、技術交流による新製品アイデアの質が求められ、関係者との調整活動が重要になります。

理解の共有
　このように、同じ業務でも役割によって求める成果が変わります。もし、上司や同僚と役割認識が異なっていれば、実行計画の力点の置き方も、日常的な報告のポイントも、異なってきます。その場合、職場でのやりとりはギクシャクし、仕事がうまく進まなくなるでしょう。上司と部下の評価基準が異なるわけですから評価の納得性も下がります。

　　役割をしっかりと理解し、上司や職場の仲間と共有することが職場内のやりとりをスムーズにする出発点なのです。

コラム 5-1

役割の編集

　役割マトリックスで設定された個人の役割を、あえて編集する目的は、
1. 職場目標では職場が主役、個人は脇役だったものを、個人が主役になるための場面転換を図る
2. 編集を通じて、自分の役割について再度確認する
3. 自分自身で扱いやすい程度の役割の数にまとめておく

にあります。

　個人の役割は、その人が職場に存在する理由に相当するわけですから、じっくり考え理解を深めることが大切です。

役割に応じた目標項目設定

　目標項目を考える上での注意事項は、職場目標のときと変わりはありません。役割に対応した目標項目を考えた上で、目標レベルを考えること。定量的なものさしだけではなく、定性的なものさしを大切にすることの2点です。

仕事の多様性

41項で述べましたが、個人目標の段階では、多様なシートを用いてかまいません。第一線の職場では、役割も担当者の能力も多様性が増します。成果を測ることだけが大事ではなく、努力そのものを評価すべき仕事もあります。従って、全く同じシート、同じ手順で個人目標を設定することは有効ではありません。大事なことは、誰もが職場に貢献でき、自分の能力も伸ばせる目標を設定することです。それが満たされるシートであれば、どんな様式でもよいと考えてください。

推奨シートの加工

CMBOでは標準的な個人目標書を説明用に準備しています。しかし、実務では、さまざまなシートを用います。従って、皆さんも職場にあったさまざまなシートを工夫していただいたらよいです（右頁にその例を示しますので、参考にしてください）。重要なことは、担当者の現在の能力レベルで、仕事についてよく考えないと書けないシートを準備することです。単なる事務手続きとして、短時間でシートを埋めるのではなく、よく考えて書くことができるように、シートを工夫することが大切なのです。

簡略型の個人目標書

1. 標準タイプから、月次の計画を省き、目標項目と目標レベルをまとめたもの

役割	目標項目と目標レベル	難易度	実行計画

2. 目標項目と目標レベルを省き、役割そのものを目標とするもの

役割	難易度	実行計画

コラム 5-2

目標の難易度評価

目標の難易度には2種のものを考えることができます。本人にとっての主観的難易度と、客観的な難易度の2つです。このうち、客観的難易度は人事評価において用いられます。これは上司が期末に判断するものです。もういっぽうの難易度は主観的難易度です。期首に担当者が感じる難易度です。それを伝えることが上司との良いコミュニケーションになります。2つの難易度評価が異なる場合には、期中にすりあわせを行えばよいわけです。

実行計画をひと工夫する

　次のステップは、実施策を考え実行計画をつくるステップです。ここで大切なことは「何か新しいやり方を試みる」という精神です。実行計画は2段階の手順で考えます。

実施策の発想
　第1は実施策の発想です。ここでは、「新しい仕事のやり方」のアイデアを増やすことに注力します。実際に実施するかしないかは別として、アイデアを出す力（複数の手立てを考える力）を高め、実際に何か1つは新しいことを実行計画に組み込むことを重視します。マンネリにならない実施策をつくりたいわけです。1人アイデア・ストーミングや職場の仲間にアドバイスをもらうなどの方法を用いるとよいでしょう。

手順化
　第2は手順化です。実施策のアイデアを整理し手順を組み立てます。この段階で注意が必要なことは、①易しいことから順にやること（本丸に突撃せず、外堀から埋めること）、②実施策を詰め込みすぎないこと（肩の力を抜いて腰に力を入れること）、③実施策がうまくいかないときの「次の手」を考えておくこと（二の手、三の手の準備）の3つです。

　せっかく実行計画を組むのですから、可能な限り、その成功確率を高める必要があります。外堀を埋めれば本丸は攻めやすくなります。肩の力を抜いておけば、鉄砲の的中率が上がります。予想外の行動を相手がとったとき、事前に備えがあれば対応できます。成功確率の高い二枚腰の実行計画をつくりたいものです。

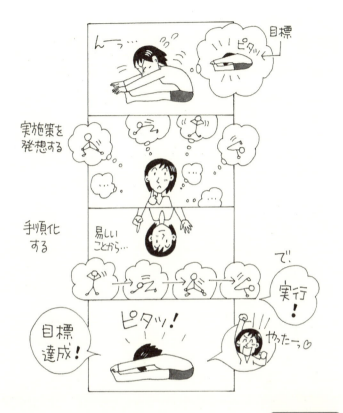

コラム 5-3

発散思考と収束思考

　実施策を豊富に思い浮かべるためのコツは、アイデアを発散させる時間とそれを収束させる時間を区別することです。アイデアを発散させて列挙する段階はそれに徹し、アイデアを評価して実行する実施策を選び出すときには、評価に力を注ぐ。この区別を行うことが創造的な思考法の基本となります。実施策を発想する段階で大事にしていただければよいと思います。

45 個人目標の設定と上司の役割

　個人目標と実行計画の段階では、上司の役割は、アドバイザーとリスク対策者です。

アドバイザー　この段階では、個別に部下にアドバイスをします。特に、役割を深く考える刺激を部下に与えることが大切です。右頁にある質問の技術をうまく使うとよいでしょう。また、役割のイメージを伝える具体例やたとえを話すことも有効です。役割に対するアドバイスの能力は、OJTが上手な上司と下手な上司を分ける分岐点となる能力です。

　実行計画の段階ではハウツーのアドバイスが役立つことが多いでしょう。また、部下が知り得ない社内外の資源に関する情報を提供すると、部下の行動イメージを広げることができます。加えて、新たな仕事の進め方を部下とともに考えることも有効です。

リスク対策　次に必要なことはリスク対策です。第1は予防策です。事前に部下が失敗する可能性を想定し、その原因を除去する作業です。例えば、他部門への依頼事項に関して、上司から他部門の長に一声かけるといった対策が予防策となります。

　第2のリスク対策には、緊急時対策があります。もし部下が失敗をしたときに、どこまで辛抱し、どの段階で介入するかを事前に考える作業です。緊急時対策を想定しておくと、思い切って部下に任せることに安心感を感じ、部下への過剰な干渉を防止することができます。

118

質問の技術（面談の技術①）

仕事について部下に考えさせる有効な面談技術に「質問の技術」があります。それには拡大質問と限定質問の区別がありますが、なかでも役立つのは3種類の拡大質問です。

拡大質問と限定質問

拡大質問	限定質問
・回答者が自由な発言をできるような質問 ・「──についてどう思われますか？」 ・回答する側の考えの脈絡に従って意見を述べることができる ・回答する側が何を答えてよいのかわからず、緊張してしまうことがある	・イエス・ノーを問いかけるような質問 ・「──についてこう考えるのですね？」 ・質問する側の脈絡に従って、問題を明確化することができる ・質問範囲に回答が限定され、回答者が重要事項を述べる機会を失うことがある

汎用性の高い3つの拡大質問

質問	使用目的
目的は何？	ある行動の目的を確認し、目的から手段を再び考えさせる。
原因は何？	ある事実の原因を考えさせ、原因に手を打つ具体策を考えさせる。
具体的には？	考えが抽象的なときに、考えを具体化させる。

第5章 個人目標と進捗管理

46 3種類の進捗管理

進捗管理は3つの角度から実施する必要があります。

3種の進捗管理 最初に思い浮かぶのは、実施策を予定通り実行したかどうかのチェック。これは説明しなくてもご理解いただけると思います。第2の進捗管理は、実施策が効果を上げたかどうかのチェック。もし、効果が上がっていないならば、実施策をもうひと工夫する必要があります。第3の進捗管理は、目標項目や目標レベルの再検討です。

多くの場合は、実施策をやったかやれなかったかをチェックすることで十分ですが、時には、第2、第3のふり返りまで行っておくことが役立つ場合もあります。仕事の進捗に従って、新たにわかってくることが出てくるからです。

地道な継続 目標管理に取り組むとき、最も無駄になるのは、期首に作成した目標を、期末まで見ないことです。そのような事態は、日常の仕事の重要度と設定された目標とがずれているときに起きます。ただ、それを許していると、仕事が行き当たりばったりとなり、せっかく目標設定に投資した時間が無駄になります。それを防止するためには、最低限でもひと月に1回は目標書や実行計画書を確認し、修正する努力が必要です。

見直しは短時間ですませてもかまいません。目標と実行計画を意識し、修正を書き加える程度で十分です。完璧でなくてもかまわないので、定期的に継続する習慣が大切です。

進捗状況の管理

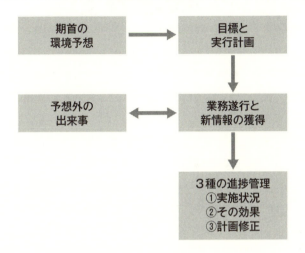

コラム 5-4

目標と実行計画の修正

目標や実行計画を変更する場合、次のように考えます。

1. 可能な限り目標は変更しない（達成すべき状態は変えない）。
2. 実行計画はより効果的なやり方を探索する（変えてよい）。
3. 環境変化や新たな情報によって目標（達成すべき状態）を変更するときには、上位者の承認を得る。
4. 修正は目標書と実行計画書の加筆修正で行う（書き直す手間は省く）。

47 2つのレベルの進捗管理

　進捗管理は、職場レベルと個人レベルの2つが連動すると効果的です。方法としてはミーティングと打ち合わせの併用をお薦めします。

ミーティング　個人の進捗管理と職場の進捗管理を結合させる効果的な方法は、ミーティングです。毎月、一定のタイミングでミーティングを行い、個人の進捗状況を発表します。相互にその内容を理解することによって、職場全体の進捗を共有します。

　ミーティングには、役割マトリックスを活用します。役割マトリックスを貼り出し、その前で、一人ひとりが進捗を発表し、進捗状況を記入するという方式です。

　このミーティングを継続するコツは、決めた日の決めた時間に確実に実施する（メンバーが揃わなくても）ことです。また、1回のミーティング時間を短くする。それもコツです。厳密にやろうとせず、実施状況を大まかに共有するという程度の位置づけで実施します。20〜30分の時間で十分と考えてください。

打ち合わせ　大まかな共有では不十分なとき、上司と担当者（あるいは関係者を含む）の打ち合わせを行います。こちらは、時間にこだわらず、詳細な情報をやりとりし、その後の仕事の進め方について突っ込んだ議論を行います。また、打ち合わせでは、実行計画の修正や、場合によっては目標の内容を修正することも行います。

進捗管理のミーティング（職場ミーティング）				
職場の任務	山田さん	花田さん	墨田さん	江戸さん
学生への授業を通じて、早めの就活を促すとともに、社会に出る上でのマナーを身につけさせる。	学生の理解度に配慮しながら、各回の授業内容を考え、必要な講師を手配する。	企業まわりで得た情報を山田さんが実例として話ができるようなものに加工し伝える。	学生との日常的接触のなかで授業に対する学生の関心を把握し、山田さんに情報提供をする。	学生との日常の接触で得た情報を墨田さんと報告し合い、学生の全体的雰囲気を把握する。
○△○×○△	△△○○○○	○○○△△×	△△△○○△	△△○○○△

コラム5-5

月次報告書の効果

　進捗管理の仕組みとして、月報を書いている職場は多いと思います。個人のPDSサイクルをまわす上では効果的です。また、ミーティングが困難な職場では、月報をLAN上にアップして共有するという方法が有効だと思います。

　しかし、月報による進捗管理はミーティングが持つ相互啓発の効果や共有の効果をあまり期待できません。やむを得ない進捗管理方法というとらえ方でよいと考えています。

48 PDSとホウレンソウ
（担当者の留意点）

　日常の業務遂行に当たって注意するべきことは、PDSサイクルをまわすことと、報告・連絡・相談を行うことです。その2つが実行できると、上司や関係者が安心し、担当者を信頼して仕事を任せてもらえることになります。

PDSサイクル　　PDSサイクルは1日単位、1週間単位、1か月単位、四半期単位というタイミングで重層的にまわします。その期間ごとに達成すべきことと、達成できたことを対比し、次の実施策を修正する作業を繰り返します。頻繁にふり返り、実施策を修正することによって、「計画倒れ」や「やりっ放し」を防止するわけです。PDSサイクルをまわすことで、仕事の理解度と進め方のレベルを徐々に上げていきます（進歩に個人差はでますが、その人なりの進歩を喜びたいところです）。

ホウ・レン・ソウ　　「報告・連絡・相談」は職場内での情報の共有と自分自身の役割認識にかかわります。自分が持つ情報が他の誰に、どんな影響を与えるのかを考える作業は、自分自身の役割を考える作業そのものです。自ら情報を伝えることによって、仕事の相互依存関係をコントロールしていく。それが自律的な行動なのです。

　この2つは地道な仕事の基本ですが、職場における自己統制を支える重要な方策です。自ら訓練をすることが大切です。

コラム 5-6

失敗の権利

　部下育成には権限委譲が効果的だと言われています。ところが、仕事が高度にシステム化された結果、失敗の影響が大きく広がるようになりました。このため、上司は「権限委譲はしたいが、失敗は困る」という状態におかれています。

　しかし、人間は失敗から多くを学びます。明確なフィードバック情報を獲得できるからです。学習素材としては最高です。「自分の失敗はどこかで取り戻す」と考えてくれるのであれば、それは学習のための先行投資になります。若手社員に失敗の権利を認め、それを取り戻す大きな人材が育ってほしいものです。

部下の観察とアドバイス(上司の心得)

　業務遂行のなかで、上司が留意すべきことは、部下の観察。単に、部下からの報告を受けるだけではなく、部下の日常的な立ち居振る舞いを観察し、部下の考え方の癖やコンディションをきちんと把握することが必要です。

行動観察　部下の仕事ぶりの観察は、上司が部下指導を行うための基礎作業です。ある状況になったときに、誰もが特定の行動を選択しがち。それが、その人の強みでもあり、弱みにも繋がるというのが私たちの実態です。それを上司はよく観察する必要があります。できることならば、一定の時期に部下を定点観察し、どんな状況で、どんな行動をとるのかを予測できるようにすることが必要です。

タイミング　部下の観察を続けていると、部下が上司の支援を求めるタイミングがつかめてきます。自信を失っているときなどは、上司の顔を見る頻度が高くなるでしょうし、報告も回りくどくなったりします。そんなタイミングをつかんで上司がアドバイスを行えば、部下は上司のアドバイスを素直に聞き入れるでしょう。しかし、逆のタイミングであれば過剰に干渉する上司と否定的に受け止める可能性もあります。

　部下の観察は、部下のメンタルヘルスに対する配慮の点でも大切です。集中力を欠いていたり、人の視線を避けたりするなどのメンタルな不調の兆候は、丁寧な観察から把握することが可能です。

行動特徴一覧表

　部下の行動を観察するために、行動特徴一覧表というメモをお薦めします。一定の期間ごとに1件の部下の行動事実をメモするという方法です。この方法を実践すると部下をしっかりと見る癖がついてきます。

氏名	プラスと評価 できる行動	マイナスと評価 できる行動	能力開発の ポイント

1. 部下を一覧表にして、プラスもマイナスも一定期間に1件の事実を書く。
2. よく観察できている部下、観察できていない部下を自覚する。
3. 期末の面談では、上司が把握している行動事実として部下に提供する。
4. 期末の面談の結果を能力開発ポイントに記入する。

コラム 5-7

鰊 番屋

　北海道の西岸は昭和初期まで鰊漁で栄えました。漁場には、親方の家族と労働者が合宿をする番屋がありました。

　筆者が見た福原漁場（番屋）は建物の真ん中が土間の通路で仕切られています。片側には労働者が暮らす大部屋。もう片側は、親方の居宅。どちらにも囲炉裏が切られていますが、2つは土間をはさんで向かいあっています。親方が暖をとるときに、自然に労働者の行動を観察できます。労働者も親方の動きを見ることができます。部下の観察と情報共有を目的にした、わかりやすい建物でした。

(参考　福原漁場http://www.town.yoichi.hokkaido.jp/anoutline/bunkazai/fukuhara.htm)

50 進捗管理と上司の役割

　進捗管理の過程では、前項で述べた観察者の役割に加えて2つの役割が上司に求められます。サポーターとコーチです。

サポーター　部下を励まし、自律を助ける役割です。「自律」は「言うは易く、行うは難し」です。人間ですからサボリ心もあれば、弱気の虫も住んでいます。そんなときに部下を励まし、勇気づけて、サボリ心や弱気を克服させるのがサポーターです。励まし方には「お前ともあろうものが！」と怒鳴りあげることから、「つらいだろうががんばれよ」と慰めるものまで、広い幅の行動があります。どの行動をとるにせよ、部下に対して心からの関心を払うことが励ましのポイントです。

コーチ　正しい仕事の進め方を具体的に教える役割です。細かく、具体的に手ほどきするというイメージです。そのためには、部下がうまくやれないポイントを正確につかみ、それを克服するための方法を伝え（あるいは見せて）やらせてみる。それを根気よく繰り返して、行動習慣として定着させるまでの作業が必要です。こちらの役割を果たそうと思えば、上司は部下が実施している仕事内容のポイントを、しっかりとつかむことが必要です。

　どちらの場合も、上司が支援をしている姿勢を示すことが必要です。ともすれば部下が「干渉される」と受け止めがちですが、支援の姿勢をはっきりと示せば、長い時間のなかで部下はその姿勢を理解してくれるはずです。

チェックリスト：個人目標と実行計画

	個人目標と実行計画のチェックリスト	評価
個人目標	1．自分の役割を十分に理解した上で目標項目を設定している。	
	2．各々の目標項目の達成状態がアリアリと描けている。	
	3．目標の難易度は達成可能性五分五分の程度になっている。	
	4．個人目標を設定する過程で、新たに仕事の理解が深まった。	
	5．個人目標が職場の成果にどう繋がるかを理解できている。	
実行計画	6．従来取り組んだことのない、新しい行動が実行計画に入っている。	
	7．進捗状態を、自分で管理できる里程標が思い浮かんでいる。	
	8．具体策の「二の手」、「三の手」が想定されている。	
	9．関係者と必要な調整を行えている。	
	10．時期ごとの仕事の負荷を考えた計画を組めている。	
	合計点	

各項目を5段階で評価し、40点以上であれば良好。45点以上ほしいところです。

チェックリスト：部下指導

部下指導のチェックリスト	評価
1．期ごとの部下指導に一貫したテーマを持っている。	
2．部下の行動をしっかりと観察している。	
3．部下がストレスを感じている状況によく気づく。	
4．部下への質問によって、部下が自ら気づくことが多い。	
5．部下が消極的な態度を示したとき、欠かさずに励ます。	
6．新たな体験をした部下に、その意味をよく説明する。	
7．仕事のコツを個別の作業レベルで部下に教えている。	
8．ホウ・レン・ソウの相手を部下に意識させている。	
9．月末には確実に部下にふり返りを行わせている。	
10．私の部下は着実に能力レベルが高まっている。	
合計点	

各項目を5段階で評価し、35点以上であれば良好。40点以上ほしいところです。

個人目標書＋自己評価書の記述例（販売３課　八田課員）

役割（役割マトリックスの内容を編集）	目標項目（個人ごとに設定）	目標レベル（個人ごとに設定）	難易
東地区の個人顧客と法人に対して、さまざまな情報を活用して、休眠顧客を掘り起こしつつ効率的な販売活動を行い、市場の成長を上回る売上高アップを達成する。	・売上高	・前年比30％アップ	◎
	・粗利率	・21％	〇
	・有力客のファン化程度	・自分を売り込んでくれる上得意が10人以上いる状態	〇
	・商談成約率	・平均２回訪問	〇
	・復活させた休眠顧客数	・10人以上いる状態	△
課内のメンバーや上司と連携をとりながら、法人顧客に対して組織的な営業活動を行い、法人顧客と我が社の信頼関係を構築する。	・連携による売上高	・前年比15％アップ	〇
	・連携売上の粗利率	・17％	〇
	・課長がトップに会えた法人数	・100社	◎
	・ギフト選択対象としての第1優先順位に当社が置かれている企業の比率	・45％	〇
販売３課の中核社員として勉強会を組織し、販売ノウハウの組織的な蓄積を行う。	・全員のクロージング技術のレベル	・30分程度の商談で必ず結論を得ることができるだけの組立力がある状態	◎
	・全員の商品説明の能力	・5000円前後の商品で生活提案が数例できるレベル	△
	・全員の地域顧客の購買傾向の理解度	・地域の富裕層における製品の使い方が数例は頭に入っている状態	△
売掛金回収の精度を高めるため、カード決済や入金催促を担当者と連携して進める。	・1か月後の回収率	・99％	〇
	・3か月以上の未収顧客数	・0	△
	・カード決済比率	・50％以上	〇

注：難易度の高いものから順に◎、〇、△で八田課員が自己評価をしている。

第5章 個人目標と進捗管理

成率	達成事項・未達成事項	その原因	総括コメント(面談用メモ)
5%	売上高は対前年25%アップしたが、粗利率は20%に留まった。商談は平均2.5回を必要としており営業効率を高めることができなかった。休眠顧客、ファンなどは計画通り達成できた。	カタログをうまく利用できたことと、商談前に上司と値引き条件の打ち合わせを十分に行っていたので、現場での対応がスムーズとなり、お客様の信頼を得られた。	
0%	売上高は対前年11%アップ。利益率は17%とそこそこの結果であるが、課長がトップに会えた法人は50社に留まり、ギフトの第1順位を獲得できた法人は3割程度と思われる。	担当者相互の調整がメールだけではうまくできず、課長の訪問をうまくセットできなかった。	①今期の売上目標はきわめて挑戦的であり、最初は無理だと思っていたが、やっているうちに手応えを感じるようになった。みんながそう思っていると思う。 ②大まかな連携は月次のミーティングによってできたが、課長を顧客に案内する時間の調整は難しく、タイミングを逃すことが多かったので、来期には工夫をしたい。 ③営業担当者相互、店舗と営業担当者の情報の流れは良くなったと感じる。
%	商品説明の能力、購買傾向の理解はほぼ目標レベルに到達できた。クロージング技術については、まだ、商談ごとの結論を明確にできていないことがあり、担当者の間の能力差も大きい。	期首に予定した日程通りに勉強会を開催したので、全員が予定通りの内容を学習することができた。1回ごとの商談で一定の結論を得る能力は場数を踏むことでしか訓練できないかも知れない。	
%	3つの目標項目ともほぼ達成できた。	田宮さんが尽力してくれたので、自分が頑張らなくても目標が達成できた。	

おまけのコラム⑤

伝統芸能のエネルギー

　日本の村落には伝統芸能がしっかりと伝承されています。また、伝統芸能をもとに素晴らしい芸能が創造されている事例もあります。報酬が得られるわけでもないのに、全力で打ち込む人々から刺激を受けます。

　黒川能：山形県鶴岡市。真冬に農家のなかに能舞台をもうけ、神様をお迎えして、農家の方々が能を奉納されます。240戸ほどの集落に演者が160人もおられるとのこと。演じる方も、観客も徹夜。神様に近づける夜です。(http://www.tsuruokakanko.com/kushi biki/kurokawa/)

　日添神楽：宮崎県椎葉村に26ある神楽の1つです。12月に開催されます。現在は公民館に祭壇を設け、神様をお迎えしていっしょに楽しみます。神楽では、山の暮らしにまつわる所作を舞われます。これも徹夜。この地区は、日本で唯一伝統焼畑を維持されている椎葉クニ子婆ちゃんが住んでおられる地区です（http://www.shiibakanko.jp/hl_index.php?act=dt&gid=25）。椎葉村の中心部から、ダムの上流に40分ほど車を走らせ標高900メートルまで登った、最も谷奥にある集落です。そんな場所でありながら各家の長男は全員地区に戻っておられるとのこと。

　スーパー神楽：広島県の北部の神楽です。八岐大蛇が有名な演目ですが、最近は派手な演出、装束で、伝統芸能をもとにまったく新しい芸能が創り出されている印象を受けます。よさこい踊りと同じような婆娑羅スタイルのエネルギーを感じます。(http://www.npo-hiroshima.jp/cgi-bin/kiji/news/2008/100801/)

第 **6** 章

期末の
ふり返り

目標管理の基本はPDSサイクルをまわすこと。このため、ふり返りはきわめて重要な作業です。しかし、人事評価と連動した目標管理は、ふり返りの時点で評価を意識するために、それがきちんと行われず、Seeが不十分になりがちです。このため、CMBOでは、ふり返りのステップと人事評価のステップを明確に分け、ふり返りを進めやすくしています。第6章ではまず、きちんとしたふり返りを行うことに焦点を当てます（次章で人事評価との連動方法を説明します）。

51

2つの視点からのふり返り

　期末になれば、当該期間の仕事ぶりをふり返ります。仮説の検証です。2つの視点で行います。

達成度　第1の視点は、目標の達成度を評価し、予想された結果が得られたのかどうかをふり返ります。もし結果が予想と異なるならば、その原因を分析します。未達の原因として考えられることには、外部要因（環境変化もしくは、期初の環境予測の誤り）と、実施策のまずさの2つが考えられます。予想以上に達成できたことについてもその要因を分析しておくと良いでしょう。その結果を次期の実行計画に反映して、仮説の精度を高めていきます。

目標の妥当性　第2の視点は目標そのものを見直す作業です。設定した任務や役割がそれで良かったのか、目標項目や目標レベルが妥当だったのか、それらをふり返ります。目標設定の前提となった状況評価の内容もふり返ります。それらを通じて、目標が妥当だったかどうかを判断します。その過程で、新たな目標項目や役割を発見したり、学習することができます。こちらは次期の目標設定に活かします。

　なかでも、目標項目のふり返りに力を注ぐとよいでしょう（何が仕事の成果なのかを研究するわけですから）。ふり返りからより適切な目標項目を見つけ出すたびに、仕事に対する理解が深まり、より効果的な仕事の進め方を発見することができます。

ダブル・ループ学習

C.アージリスがダブル・ループ学習という概念を提唱しています。ある基準を設定し、それに対する実施策の効果をふり返り、より有効な実施策を考えるのがシングル・ループ学習。自己防衛的な学習だと彼は述べます。

これに対して基準そのものの妥当性を吟味するのがダブル・ループ学習。柔軟で開放的な学習だと述べます。彼はその考えを次のような図で表現しています。

この図における、変数が期首の目標に相当し、行動戦略が実行計画に相当するわけです。つまり、達成度の分析はシングル・ループ学習、目標の妥当性の分析はダブル・ループ学習となります。

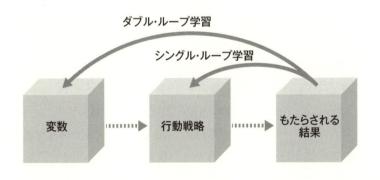

(参考 C.アージリス著、有賀裕子訳『「ダブル・ループ学習」とは何か』
DIAMONDハーバード・ビジネス・レビュー、2007年4月号)

52 職場ふり返りミーティング

　ふり返りの出発点は、職場目標のふり返りです。ミーティングで実施します。ふり返る内容は、職場目標の達成度と目標そのものの妥当性です。通常、次のような手順で実施します。

1. 模造紙で職場目標を掲示します。

2. 職場目標の達成度を各自が評価して記入し、該当欄に貼りつけます。

3. 達成度の評価が担当者間で異なる点について、お互いの意見を述べます（多くの場合、意見が異なる原因は達成イメージの違いにあります）。

4. お互いの意見を聞いた上で、再度投票を行います。

5. ある程度、評価が収束してきたら、達成事項、未達成事項を討議し、確認します。

6. 達成事項・未達成事項が明らかになる時点で、同時に、目標項目と目標レベルの吟味も進みます。

7. 上記の5・6の討議結果を次期の課題として総括します。

　このミーティングは3時間程度で実施します。この議論を通じて、担当者が自己評価を行うときの基準が共有されます。職場ふり返りミーティングは、職場への貢献という観点から自己評価を行うための評価基準の学習機会でもあります。注意点はただ1つ。個人目標の達成度には触れないようにし、個人批判の場とならないようにすることです。

職場ふり返りシート

職場の任務	目標項目	目標レベル	達成率	達成・未達成のポイント	原因分析	次期への課題

〈準備物〉上記シート、ふせんカード、サインペン
〈所要時間〉3時間程度
〈手順〉
①職場目標の達成率を各自が％で評価し、ふせんカードに記入し、貼り付け（20分程度）
②異なる評価のポイントを討議（30分程度）
③再度各自が達成度を評価（10分程度）
④達成・未達成のポイント、その原因を討議（90分程度）
⑤次期課題を確認（30分程度）

コラム6-1

一歩進んだミーティング

　成熟度が高い職場であれば、役割マトリックスを用いて、個人の役割の果たし度合いをふり返ることも可能です。評価結果の点数とは切り離し、役割ごとに◎、○、△、×程度の評価を行うと、メンバー相互の役割認知のギャップなどに気づくことが起こり、職場開発の有効な道具になります。

（39項「役割マトリックスの活用」参照）

53 担当者の自己評価

職場のふり返りで評価基準を学習した後に、担当者が自己評価を行います。次のような観点から行います。

4つの視点

第1は、個人目標の達成度です。いったいどの程度まで達成できたのかの評価です。この評価を行うとき、目標項目が適切に設定できていないこともありますから、目標項目ごとの評価よりも、役割の果たし度合いを評価する方が適切です。

次に、目標の達成・未達成の原因分析です。外部環境と自分自身の努力の2つの側面をふり返ります。第3は、役割と目標の妥当性の吟味です。設定した役割が適切であったのか否か、役割に照らし合わせて目標項目や目標レベルが適切であったかどうか、それらをふり返ります。

第4のふり返りは、進歩度評価です。個人の自己評価の場合だけに行います。その視点は自分自身のキャリアの方向性を基準にしたものです。今期の仕事が自分のキャリア形成上、どんな意味を持つのか、それに向けて能力が高まったのかをふり返ります。

面談準備メモ

これらのふり返りを行った上で、上司との面談にむけたメモを作成します。面談用のメモを作成することによって、部下が上司に話したいことを適切に話せるようにし、また、質問すべきことなども整理をしておくわけです。面談メモをもとにして上司と話し合えば、部下の関心が高いところが話し合われますから、建設的な面談が可能になります。

コラム6-2

面談用メモの形式

　面談用メモの形式は、自由な形式でかまいません。場合によっては、箇条書きでもかまいません。職場目標への貢献という観点から、自由に自己評価を行い、上司に認めてもらいたいことや、上司に確認したいことを整理すればよいわけです。また、各人の文章力が異なりますから、書きたい人はたくさん、そうではない人は3項目程度の箇条書き、という程度にイメージしてください。面談用のメモをつくることによって、自分の関心に沿って上司と話ができることに価値があります。

54 進歩度を自己評価する

　進歩度の評価は専門性を構築するための重要な評価です。自分のために自分が行う評価です。評価基準は、キャリアの方向性を意識して自分が作った基準です。

独自の基準

　進歩度評価の基準は、自分独自のものを用います。人事評価の基準とは別のものです。自分がどんなキャリアを歩みたいのか、そのために今の時期、どんな能力を身につける必要があるのか。それが評価基準となります。

　専門性を構築するためには、専門性に応じたものさしで、自分の仕事を自己評価する必要があります。人事評価の基準は、細かな専門性に対応できるほど具体的な基準とはなりにくいですから、独自のものさしを開発する必要があるわけです。

手応え

　進歩度評価は手応えを感じる評価です。自分独自のものさしを基準にして、前年に比べた進歩を確かめるわけですから、実感と密着した評価が可能になります。その結果、努力の手応えを感じることもあれば、挫折感を感じることもある。それが、次のエネルギーとなるわけです。

　進歩度評価では、達成度や人事評価の点数を考える必要はありません。自分独自のものさしを開発し、満足感や挫折感を感じることがあれば、それで十分です。上司との面談も、ものさしを探すつもりで面談に臨めばよいわけです。

進歩度評価の意味

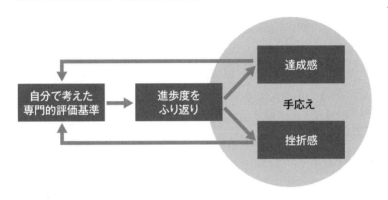

コラム 6-3

自己評価の評価基準

　良い仕事をする実務家と話をしていると、自分の評価基準をしっかりと持っておられることがわかります。それがあるからこそ、意見を述べることもできるし、しんどい状況で頑張ることもできるのでしょう。自律ができているのです。

　いっぽう、もうひとつという感じを受ける実務家は、自分の仕事を評価する基準が曖昧であり、上司次第で基準が揺れるようです。評価基準が「人任せ」、つまり、自律ではなく他律になっているわけです。

　あるレベル以上の専門性を身につけようと思えば、その人用の評価基準を作ってくれる人はいなくなります。自らの評価基準を自ら作成することが必要になるわけです。

55 面談に向けた上司の準備

　部下が自己評価を行っている間、上司は面談の準備を行います。2つの準備が必要です。

事実情報
　第1の準備は部下の仕事に関する事実情報の収集・整理です。関係する方々の意見を聞いてみる、過去の記録を確認するなどして、ふり返り期間に対応する本人の努力とその結果に関する情報を集めます。場合によっては、情報の収集度合いもチェックすればよいでしょう。前述（49項）した行動特徴一覧表をつくると、部下ごとにどの程度の事実情報が集まっているのかを自分でチェックできます。これらの努力を行って、目標の難易度、達成度、達成・未達成の原因を仮説的にとらえておきます。

かかわり方
　第2の準備は自分自身の部下へのかかわり方についての自己評価です。2つの内容をふり返る必要があります。第1は、部下への役割の与え方と目標設定への指導のふり返りです。期首に決めた目標が本人の能力に比べて易しすぎないか、難しすぎないか、業務遂行時間に比べて適切なボリュームか等をふり返ります。

　第2は部下への指導・支援の有効性です。部下が期待していた指導や支援を自分が行えたのかどうか、あるいは部下が困っているときに、その問題解決に貢献できたのか等をふり返ります。上司が自分自身の部下指導をふり返っておくことで、面談での部下の発言に対する許容度が大きくなります。

「私メッセージ」の技術（面談の技術②）

第6章　期末のふり返り

　面談に効果的なコミュニケーションの技術に「私メッセージ」と呼ばれる技術があります。私メッセージは、第二人称や第三人称ではなく、第一人称で話すという意味です。それは、「私」に限定された率直な意見であるが故に、相手にとって受け入れやすいと言われています。簡単な技術です。話をするときに、第一人称で話をすればよいだけです。一定期間、日常的に意識すれば身につけることができます。

◎「私メッセージ」の技術

私メッセージ	あなたメッセージ
第一人称で話す （私は、俺は、etc.）	第一人称以外で話す （貴方は、おまえは、etc.）
率直な表現 限定的な表現	間接的な表現 一般的な表現
相手が受け入れやすい	相手が受け入れにくい
私は悲しい 私は困っている	貴方がひどいことをした 貴方が失敗した

◎「私メッセージ」の例

私メッセージ	あなたメッセージ
（私は）弁解を聞きたくない	（貴方は）弁解してはいけない
（私は）報告を聞きたい	（貴方が）報告すべきだ
（私は）君の意見を聞きたい	（貴方が）意見を言いなさい
私にやらせてください	我が社がやるべきです

56 上司と部下の面談

　自己評価を終えたら、上司と部下が面談を行います。面談は、ふり返りと業績評価のつなぎ目にあるステップですが、CMBOの面談では、人事評価を横に置いた上で話し合うことにしています。次のことに注意を払って実施してください。

発言機会
　第1は、面談が部下の発言機会であることに意識をおいてください。教科書によっては育成面接と名づけ、部下を指導するための面接という主張をするものもありますが、その場合でもカウンセリングという雰囲気で進めてください。なぜなら、面談の場で、部下が話したいテーマについて話し合うことが公平性の感覚を高めると同時に、部下のふり返りも深めるからです。

傾聴
　2つ目は第1と関連しますが、上司が部下の意見を最後まで聞いた上で反応することです。部下の発言機会なのですから、部下の発言を遮るような上司の言動は完全にマイナスです。部下はふり返り内容を明確に説明し、上司はそれを最後まで聞く、その上でアドバイスを行うという姿勢がお互いに求められます。

人事評価を横に
　第3は人事評価の話を一旦横に置くという心構えです。人事評価は経営権ですから、その行使は、経営者の代理者である管理者の裁量事項です。従って、部下の自己評価とは独立して行われるべきものです。ただし、「部下の言い分を十分に聞いた上で」人事評価を行うことが納得性の源泉ですから、この段階では、部下の意見を十分に聞くことが大切なのです。

話し手を励ます技術（面談の技術③）

　面談において、部下は緊張しがちです。その緊張をほぐし、率直に話し合いをするために、上司は話し手を励ます立場にたつ方がよいと考えてください。そのための技術を表にまとめましたので参考にしてください。

技術	内容
雰囲気づくり	面談の時間や場所などを考え、リラックスした雰囲気で話し合えるようにする。
うなずき・あいづち	話し手に対してうなずいたり・あいづちを打ったりして、話に関心があることを示す。
質問	話し手に、質問をして、その内容に関心があることを示す。
要約	話の内容を要約して、話し手に確認をし、こちらが理解をしていることを示す。
言いかえ	相手の話の内容を、自分の言葉に言いかえて、理解度を確認する。
明確化	相手が曖昧に表現している内容を、明確な言葉で示す。
横に置く	話し手と意見がぶつかるときに、その話題を一旦横に置いて緊張感を下げる。

コラム 6-4

評価結果の通知と面談

　CMBOでは期末の面談で評価結果の話をしません。それをしようとすれば上司にも部下にもストレスがかかり、素直な気持ちで話し合うことが難しいからです。特に、上司が評価結果を説明しようとすると、部下の発言を受け入れず、説得調で話しがちです。これを防止するのが評価結果の通知と面談を区別する理由です。

　評価結果の説明は、最終的に結果が確定した後に、改めて説明するという手続きで実施します。

57 面談の進め方

　面談の進め方に決まった形はありません。話が弾めばどんな形でもかまいません。ただし、標準的な話の手順は次のようなものです。また、すでにふり返りミーティングで話した内容は面談のテーマから外し、ミーティングの場で部下が話せなかったことを中心に話し合いを進めます。時間的には15〜20分の時間を確保するとよいでしょう。また、一定の時間がきたら終了とするのがよいようです。

1. リラックスした雰囲気をつくる

　場所や時間、世間話などでお互いがリラックスするとよいでしょう。テーブルの角に90度の角度で座ると話しやすいようです。

2. 面談用メモをたたき台に順次話す

　部下の面談用メモをもとに話を進めます。話し合いのなかでお互いの認識の違う点を確認します。

3. 認識の違いの原因を考える

　この段階では、自分の考えに固執せず、認識の違いが起きる原因についてお互いの考えを話し合います。

4. 職場運営に関する意見交換

　最後に職場運営に関する意見交換を行います。

5. 課題を確認して終了します。

　以上を通じて、上司も部下も「話し合ってよかった」と思えれば成功です。

面談のステップ

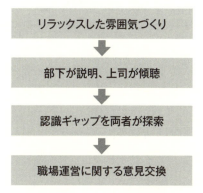

コラム 6-5

職場を意識する

　面談の最後に職場に関する意見交換を行うことは大切な作業です。それは、職場に対する部下の期待や個人的な事情、仲間同士での配慮の実態などを上司が把握する機会です。同時に、職場目標、職場ふり返りなどと同様に、職場に対する関心を部下に持たせる効果があります。CMBOでは、部下の視野を常に職場全体に広げるよう継続的にメッセージを送ることが大切だと考えています。

58 発展的な対話をつくる

　面談は、上司と部下がお互いから学習する機会です。意見が異なる要因を確かめることによって、お互いの納得度を高めることが目的です。

ジョハリの窓

コミュニケーションに関する有名な理論にジョハリの窓があります。ジョハリの窓では、自分にわかっているか、わかっていないか、他人にわかっているか、わかっていないかを基軸に4つの窓を考えます。私たちが他の人と接するための心の窓です。そして、開放された窓が大きい方がコミュニケーションは効果的になるとされています。

開放された窓

開放された窓の面積を広げるためにはどうすればよいのでしょうか。2つの方法が提示されます。1つは、フィードバック。自分がわかっていないことを、他の人に教えてもらい、気づきを得ていきます。もう1つは自己開示。自分が隠していることをオープンにして、自信を得ていきます。どちらも小さな勇気を必要としますが、それをやってこそ、新たな自分が発見でき、職場で人間が鍛えられていくのです。

　面談で、意見の相違点を話し合うことには小さな勇気が必要です。しかし、それによって、対話以前の自己評価や上司の評価が修正され、お互いがより広い視野から仕事を考えることが可能になります。それができた時に、「やってよかった」という実感が共有でき、信頼関係のある職場づくりの礎ができてきます。

ジョハリの窓

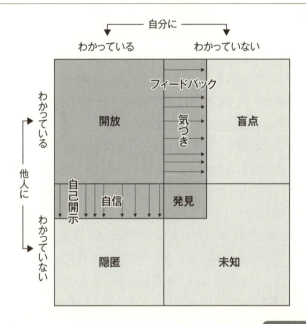

コラム 6-6

具体的フィードバックの技術（面談の技術④）

　面談でマイナスのフィードバックを伝えるとき、具体性に注意をしてください。抽象的に述べると人格全体を否定する印象を与えますが、具体的に述べると特定の事象に関する話であることが明確になります。次の3点に注意を払えばよいです。

技術	内容	抽象的な悪い例
時の限定	いつの出来事なのかを示す	貴方はいつでも……
人の限定	特定の人を明らかにする	貴方たちが……
場所の限定	具体的な場所を示す	貴方はどこでも……

59 ほどほどの満足を心がける

　面談で大切な心構えは、「ほどほどの満足」です。上司と部下の意見が完全に一致することは稀であり、少しでもお互いの理解が深まればそれで満足するという心構えです。

帰属理論　学習心理学に帰属理論という理論があります。物事の起きる原因を内因（自分自身）と外因（自分以外のもの）に区別し、その人が物事の原因をどちらに求める傾向が強いかを、内的帰属傾向が強いとか外的帰属傾向が強いと表現します。その上で、内的帰属傾向が強い人が成長すると考えます。

帰属バイアス　帰属理論にはもう1つ重要な指摘があります。帰属バイアスという考え方です。ちょっとややこしいのですが、「ある出来事の当事者は、それを見ていた人よりも外的帰属傾向になりやすい」というものです。これによれば、仕事がうまくいかなかったとき、部下はその失敗の原因を自分以外のものに求めるのに対し、上司は本人の努力不足を原因にしがちだということになります。

　仕事の成否の原因は、調査をしても把握できないことがあります。営業成績や社外の人々が関係するような仕事では、仕事が不首尾に終わった原因を確かめることは不可能です。そのようなとき、失敗の原因には環境要因の可能性も努力要因の可能性もあると考え、自分で手が打てる方策を考えることしか、私たちにはできません。ほどほどの満足しか得られない理由です。

帰属理論

	安定的	不安定的
内的帰属	能力	努力
外的帰属	課題	運

コラム 6-7

沈黙の技術（面談の技術⑤）

　面談で沈黙が訪れたとき、気まずさに負けて上司が話題を提供することは避けてください。なぜなら、沈黙を破る役割が上司に移るからです。それが何回も起きると、結果的に、上司だけが話している状態に陥ります。

　部下が沈黙するのには、①考えが何もない、②上司の様子を見る、③考えをまとめることに集中している、の3つのケースがあります。しばらく黙って見守ればよいのです。もし部下が話し出さない場合には「気まずいから次回は考えてきて」として、面談の仕切り直しを行えばよいと考えてください。

60 ふり返り段階での上司の役割

　　ふり返りの段階で上司は、部下の自己評価の促進者という役割を担います。

オブザーバー　　まず、職場ふり返りミーティングでは、上司はオブザーバー程度のかかわりに留め、部下たちのミーティングの結果を待ちます。もし、議論が上司の考える方向と全く異なるような場合、議論に介入して、職場の達成度をとらえるときに重視すべき要素を部下に説明するのもよいでしょう。その場合は、職場チームのトレーナーというのが適切な表現かもしれません。

促進者　　次に、面談の前に、きちんとした自己評価を部下に行わせることが必要です。最もよいのは、部下に面談用メモを提出させることです。それによって、部下の考えの脈絡に添った面談が可能になります。また、面談が単なる評価結果の説明ではないということも明確に伝えることができます。

カウンセラー　　最後に、実際の面談の場では、カウンセラーのように、部下の話を聞いてください。その上で反応をします。十分な意見の一致がない場合には、その違いがどこにあるのかをわかり合うことを大切にします。1回の対話でトコトン話し合うと考えるのではなく、毎期の対話の積み上げで徐々に信頼関係をつくり、対話の内容を深めると考えてください。また、対話がマンネリにならないよう、毎回の対話のメインテーマを変えることも対話の継続にプラスとなります。

チェックリスト：ふり返り		
	ふり返りのチェックリスト	評価
職場	1．職場目標の達成度に関するメンバーの意見の違いが理解できる。 2．当初設定の項目よりも適切な目標項目が見つかっている。 3．ミーティングで参加者は十分に自分の意見を言えている。	
個人	4．職場目標と関連づけて個人の目標達成度をとらえている。 5．キャリア計画と関連した独自の基準でふり返りを行っている。 6．上司との話し合いのポイントを考えている。	
面談	7．面談に向けて上司も部下も十分に準備を行った。 8．面談において、お互いに小さな勇気を発揮した。 9．上司と部下の評価の違いについてお互いが理解できている。 10．面談をやってよかったとお互いが思えている。	
	合計点	

各項目を5段階で評価し、35点以上であれば良好。40点以上ほしいところです。

コラム 6-8

寄り合いとミーティング

　民俗学者の宮本常一が対馬の集落で古文書を借りたいと申し出たところ、集落の人々が寄り合い、3日3晩の議論をした上で借りることが決まったとのことです。集落に住むすべての人の知恵を結集するために、寄り合いで意見が出尽くすまで議論をしたのでしょう。CMBOのミーティングも目的は知恵の結集と学習です。違うのは、議論のスピード。ステップごとの目的をしっかりと押さえ、それに添って結論を出していくことです。いもこじ、寄り合いなどが持っていた学習機能にもう少し注目したいところです。

(参考　宮本常一『忘れられた日本人』岩波書店)

おまけのコラム⑥

南大東島

「南大東島で国産ラム酒をつくり始めた人がいる。その人を応援しないか」。飲み会の席で誘われ、南大東島を訪問するようになりました。那覇から東に400kmほど離れた孤島です。現地に行くと、広々とした畑で大型機械を使ったサトウキビ農業が営まれています。北海道の光景のようです。珊瑚礁が隆起した島ですから外縁部は高台となり、島の中心部からは海が見えません。美しい鍾乳洞や地底湖、数々の池もあります。1900年に八丈島の人が開拓に入り、現在の人口は1300人くらいです（http://www.vill.minamidaito.okinawa.jp/）。

村では村会議員と区長の2つの制度で、行政が動いています。村会議員は8人。集落の代表ではありません。これに対し、区長は6つの集落におられます。集落の意見を集約したり、行政の連絡事項を徹底したりする役割のようです。各集落では区長を中心に定期的に集まり、情報の共有を進めています。議会と役所と区長が連携して、島のまとまりがつくられています。

南大東島は第二次大戦まで製糖会社が所有する島でした。農家の方たちの土地所有権が確立したのは昭和39年。そのなかで、人々が働き生活するための仕組みや文化がつくり出されているところに魅力を感じます。ちなみに、島の民謡も島でつくられています（島民歌手のボロジノ娘、浜ちゃん等が歌われています）。歌の地産地消が行われ、沖縄と八丈島の文化が入り交じった魅力的な島です。

（参考　グレイスラム社　http://www.rum.co.jp/）

第 7 章

目標管理と人事評価

　CMBOは、既存の人事評価制度を補完し、運用力を高めることができます。ただし、一旦CMBOの人事評価の考え方を理解し、若干の制度の補正を行った上で連動させることが望ましいと考えています。

　CMBOの人事評価の考え方は、
①人事評価を業績評価と行動評価で構成する
②目標の達成度を中心に業績評価を行う
③業績評価結果を賞与に、行動評価結果を昇給に関連づける
④面談と人事評価のステップを明確に区分する
という考え方をとっています。①、②、③は他の多くの人事制度と共通の考え方ですが、④だけはCMBO独自の考え方なので注意をしてください。

　第7章の前半では、人事評価システムの全体について説明し、後半で業績評価と目標管理の連動方法を説明します。

61 人事評価の組立と報酬

CMBOの人事評価は2つの評価で構成します。

2つの評価
CMBOの評価には業績評価と行動評価があります。業績評価は、役割を果たした結果、得られた成果を、半年単位で評価します。成果には本人の努力に加え、本人以外の要因によって得られたものも含まれます。その主たる基準が個人目標です。いっぽう、行動評価は役割を果たすための努力の評価です。等級ごとに定めた行動ガイドを基準とします。日常的な行動を評価するわけですから、年に1回の評価でかまいません。短期的成果と中長期的に成果を生み出すであろう努力とに視点を分けて評価します。

報酬への連動
2つの評価を賃金制度と関連づける場合には、業績評価は賞与の決定に、行動評価は給与の決定に関連づけます。業績評価は、短期的な成果を反映しますので賞与に、行動評価は中期的な努力を反映しますので給与に、と考えるのが基本です。

賞与や給与に関する格差のつけ方については、企業ごとの格差の設け方で決めればよいです。

組織の要求
2つの評価の評価基準には、組織が従業員に求める成果や努力が反映されていることが必要です。なぜなら、それがあって初めて、組織への貢献度を賃金に反映することができるからです。組織の要求を適切に反映する個人目標や行動ガイドをつくることが肝心なのです。

人事評価制度の組立

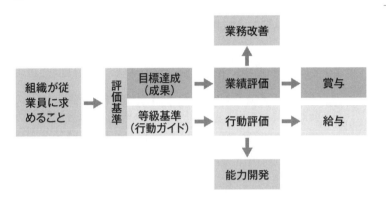

コラム 7-1

手続き的公正さ

　公正さの認知に関して、それを分配的公正さと手続き的公正さに分ける考え方があります。分配的公正さは結果に関する公正さ。例えば賃金や人事評価結果に関する公正さです。いっぽう、手続き的公正さは「結果が決まる手続き」に関する公正さです。賃金決定の手続きや人事評価決定の手続きの公正さです。

　手続き的公正さを構成する要素には、情報公開、発言（参画）、退出などの要素があります。情報公開は、その手続きが秘密ではなくオープンにされていること。発言は、決定される人が自分の意見を述べる機会があること。退出はその場からいなくなることが可能であること（黙秘権ですね）。CMBOの手続きは、手続き的公正さを高める方法になっています。

（参考　奥林康司編著『成果と公平の報酬制度』　中央経済社）

62 人事評価の手続き

　人事評価の手続きは、業績評価、行動評価ともほぼ同じです（職場ふり返りミーティングは業績評価でのみ実施します）。

一次評価　面談が終わったら、上司が一次評価を行います。部下の言い分を十分に聞いた上で、職場貢献度の観点から上司が一次評価を決定します。一次評価の行い方は各社の手続きによって決めればよいですが、目標達成度を中心にしつつも、その妥当性や難易度、目標外の業務における貢献度などを評価することが必要です。

評価力調整　一次評価が終わったら、一次評価者どうしでその内容を突き合わせる、評価力調整会議を行います。二次評価者を単位に一次評価者が集まり、お互いの評価結果を披露して、評価根拠となる事実と判断を、相互に吟味をします。一次評価者の間で異論がある場合には、納得がいくまで議論を行います。この議論を通じて、上司の評価の偏りを防止し、同じ部門の上司が同じ評価を行えるようにすることが目的です。評価力調整会議の結果を二次評価とします。

その後の調整　二次評価が終わったら、その後、三次評価（場合によっては四次評価）等を行って部門ごとの甘辛を調整した上で評価結果を確定させます。最後に、直属上司から部下に確定した結果を説明します。

　以上の手続きを通じて、組織としての評価を決定します。

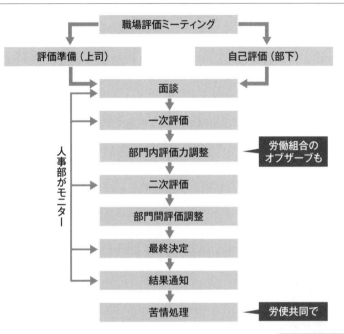

コラム 7-2

人事部門のモニタリング

　上図の手続きのうち、「評価の調整過程を人事部がモニター」するのには、2つのやり方があります。第1は評価力調整会議に人事担当者が出席すること。第2は、自己評価から最終決定までの評価点数の動きを追跡すること。どちらも、部門の管理者と上位管理者の間の関係を観察することになります。一次評価と二次評価の間で大きく評価結果が変動している場合など、二次評価者と一次評価者の信頼関係は低いことが予想されますし、そのような部門では評価力調整も健全には行われていないことが予想されます。

63 評価方法の長短

　話の角度を少し変えて、評価方法について考えてみましょう。私たちが行う評価を評価基準にもとづいて分類すると、4つの評価方法があります（右頁図表参照）。大きく分けると絶対評価と相対評価に分かれますが、もう少し細かく分けると、

到達度評価　ある基準に対する到達度を特定の方法で測る評価。穴埋め式や○×式の学科試験などで用いられる評価方法です。評価者と被評価者の間で差が出にくい長所がありますが、その基準を評価基準にすることが妥当かどうかには問題が残ります。目標達成度評価は到達度評価と考えることができます。

認定評価　権威者が、自分の見識を基準に評価する方法。芸術コンクールなどで用いられます。権威者の見識が基準ですので、多様な対象を評価できますが、見識と好き嫌いは裏表の関係になる短所もあります。

進歩度評価　前年の実績が基準となる評価です。人事評価ではあまり用いられません。

位置づけ評価　評価者を相対比較して評価する方法です。人事評価における分布規制はその一種です。安定した評価結果が得られるという長所がありますが、比較母集団の差が評価できないという短所もあります。

　このように、4つの評価方法には各々長所と短所があり、現実的には複数の評価方法を併用する必要があります。

４つの評価方法

評価方法		概要	事例	長所	短所
絶対評価	到達度評価	ある基準に対する到達度を特定の測定方法で測る	・血液検査 ・身長・体重 ・走る速さ ・センター試験、等々 （目標達成度評価）	・評価者と被評価者の間で差が出にくい	・評価基準や評価方法が妥当かどうかは吟味できない
	認定評価	権威者が自分の見識に照らし合わせて評価する	・大相撲の審判 ・フィギュア・スケートの審判 ・芸術コンクールの審査 ・入社試験の面接	・権威者の見識を動員できるので、事前に基準を作っていなくても評価が可能	・見識ではなく好き嫌いに陥ることもある
相対評価	進歩度評価	前年の実績を基準にして評価する	・前年との伸長度 ・前年の自分と比べる自己評価	・努力の手応えを感じることができ動機づけに役立つ	・特定の角度からの評価になりがち ・安定的なものが評価しにくい
	位置づけ評価	ある集団内の人々を比較して順位づける	・人事評価の分布規制 ・入社試験のグループ面接	・安定した信頼性のある評価結果が得られる	・比較する母集団の差が評価できない

コラム 7-3

定量的な評価の功罪

　仕事の質的な出来映えは、その仕事に詳しい人が認定評価するというのが最も妥当な評価方法です。しかし、その評価を部下に説明するに当たって、部下が評価者の見識を受け入れる保証がありません。そのような場合、管理者は部下が疑問の持ちようのない、定量目標の達成度を客観的な評価根拠にしがちです。その結果、質的な出来映えの評価ウエイトが下がることも起こります。

　定量目標を中心にした目標管理は、評価が曖昧になりにくいという長所と、質が評価されにくいという短所を同時に持つことになります。

64 目標管理と業績評価

　目標管理と業績評価を連動させる場合、組織への貢献度（職場への貢献度）を評価することが重要です。3つの留意点があります。

目標の妥当性
　第1に、目標の妥当性を評価する必要があります。職場目標に貢献する個人目標であること、等級にふさわしい目標であること。この2つの条件が満たされているかどうかの評価です。この評価は上司の見識にもとづく認定評価を行いますが、部下の評価とは差が出やすいので注意を要します。

目標達成度
　第2は、達成度の評価です。到達度評価をします。こちらは上司と部下の間で大きな差は出ません。定量的な目標であればほとんど差が出ません。定性的な目標でもせいぜい20%程度の差しか生まれないのが経験則です。

目標外業務の成果
　第3は、目標外の業務から得られた成果の評価です。職場のチームに対する目に見えないような貢献、突発事態に対する対応、同僚へのアドバイスの有効性などの成果です。上司の見識で認定評価します。目標外の成果の評価も部下と差が出やすい部分ですので、評価に当たっては注意を払う必要があります。

　以上のように、業績評価に当たっては、単純に個人目標の達成度だけを業績とすることは、避ける必要があります。むしろ役割の果たし度合いを評価するほうが適切となります。

業績の内訳と評価方法		
業績要素	内容	評価方法
目標の妥当性	職場目標に貢献する目標か否か	認定評価
	等級にふさわしい目標か否か	認定評価
目標達成度	量的成果の達成度	到達度評価
	質的成果の達成度	ほぼ到達度評価
目標外業務の成果	チームへの見えにくい貢献	認定評価
	トラブル対応	認定評価
	アドバイスの成果	認定評価

コラム 7-4

上司への尊敬と人事評価

　人事評価への納得度には、上司に対する尊敬の有無が大きく影響します。尊敬する上司が行った評価であれば、部下は納得します。しかし、尊敬できない上司が行った評価には、納得できないわけです。その原因は、認定評価に含まれる「上司の見識」にあるようです。上司を尊敬していれば、その見識を信用するので、評価にも納得がいく。尊敬していなければ見識が信用できないので、評価結果に納得がいかない、というわけです。

　仕事に関する見識を日常的に示し、部下に尊敬の念を持たせる立ち居振る舞いをしておくことが、評価者の負担を軽減します。

65 評価力調整会議の進め方

　一次評価を終えたら、次のステップは評価力調整会議です。二次評価者単位に一次評価者が集まり、お互いの評価結果をチェックします。標準的には次のような手順で進めます。

準備　一次評価者の評価結果を一覧表に作成しておきます。同一基準で評価する従業員ごとに、データをまとめておきます。

ステップ1　一次評価者が、自分が行った評価について、どんな事実をどう判断したのかを説明します。

ステップ2　一通りの説明が終わった段階で、お互いに異論を感じたものについて意見を述べ合います。場合によっては一次評価を修正します。

ステップ3　同一基準内で評価する人々に順位をつけます。一次評価者の合議で順位を決めます。順位をつけることによって、議論の密度を上げることが目的です。順位そのものは二次評価以降の調整の準備という側面もあります。

ステップ4　順位を見ながら、何位までがどの評価ランクに相当するかを、一次評価者の合議で決めます。また、評価ランクを区分する基準について、お互いに再確認をします。その合意を二次評価者が承認して二次評価とします。その結果、二次評価は、査定ランクと部門内の順位の2つの情報を持つことになります。順位は、その後の社内調整時に二次評価者が評価ランクを調整するときの優先順位となります。

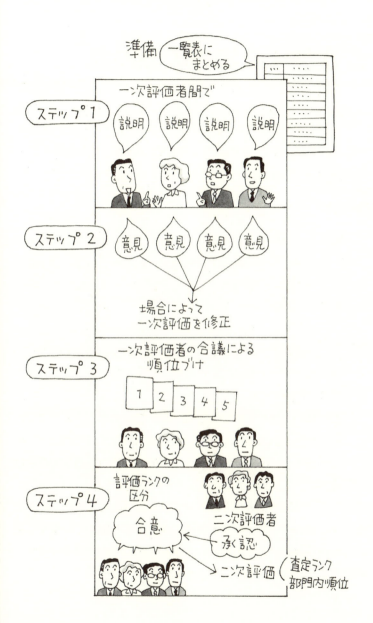

66 二次評価以降の調整過程

二次評価が決定した後は、部門間の甘辛や属性ごとの評価の偏りなどを調整します。実務としては部門長の間で調整会議を行い、人事部門がその基礎データを提供することになります。

部門間調整　二次評価者が集まり、人事部門から提供されたデータをもとに、部門ごとの甘さ・辛さについて議論をします。また、その場で、必要に応じて自部門の評価結果を調整します。その後、全社的な調整や最終決定手続きを行って、評価結果を確定させます。人事部門は各々の会議にデータを提供し、議論の内容充実を図ります。

結果通知　最終決定された評価結果は、一次評価者が部下に1人ずつ直接説明します。この段階は決定結果の説明ですので、面談のような丁寧な対話は不要です。評価ランクとその根拠を説明するだけです。

苦情処理　最終結果に不満がある場合に、苦情を申し立てることができる、苦情処理手続きを準備することが効果的です。窓口は労働組合に引き受けてもらい、苦情内容の処理は労使共同の苦情処理委員会で行うというのがよいでしょう。

これまでに述べた人事評価手続きは、面談の終了後に一次評価を行うことによって、面談と評価手続きを切り離しています。面談にかかる心理的負荷を軽減し、率直な話し合いができる環境を準備するためです。

コラム7-5

育成面接

　期末の面接を育成面接と呼んでいる企業は多いと思います。被評価者に評価ランクの根拠を説明し、評価の納得性を高めるとともに、能力開発に繋ごうとする考え方です。

　しかし、この考え方は実務的には成立しにくい考え方です。その理由は2つあります。第1は、すべての評価者を部下が尊敬しているわけではないが故に、説明を聞く気にならないことがあることです。第2は、評価ランクの説明をした後に評価調整を行い、その結果が説明内容と変わってしまうと、一次評価者の立場がなくなります。いっぽう、公平さを確保するためには、評価の基準を管理者間で揃える作業は必須です。従って、一次評価者の当初の評価は調整手続きの過程で変わりうるわけです。にもかかわらず、事前に一次評価を説明すると、その説明と矛盾する最終結果となり、結果的に部下からの信頼を落としてしまうことになります。つまり、期末の面談時に評価ランクを説明することは、一次評価者に無意味な負荷をかけることに繋がります。

67 行動評価の考え方

　行動評価は職種別・等級別に作成する「行動ガイド」を基準とする評価です。仕事に密着した評価を行うため、次のような考え方をとっています。

直接観察　第1は、行動を直接観察し、行動ガイドに照合してそのまま評価します。行動事実を態度や能力に読み替えることはしません。このことによって、上司と部下の間で「読み替えの違い」による解釈論議を排除します。

行動ガイド　第2は行動ガイドを用います。行動ガイドは組織の理念を反映し、生産性の決め手となる、あるべき職場行動を文書で表現したものです。なるべく具体的なものとしたいので、職種別・等級別に作成します。1000〜3000人規模の企業で15種類程度が目安です。

加点項目　第3は、仕事の多様性に対応するため、個人別に加点項目を設けます。加点項目は、上司と部下とが相談して個人別に評価基準を一定程度追加するという考え方です。加点項目の評価ウエイトは、組織内における当該業務担当者の特殊性に応じて20〜40%のウエイトを設定します。加点項目を設けることによって、「その人のための評価基準」を準備するわけです。

　その他にも、運用上の工夫があります。伸長度評価です。能力の伸びについて上司と部下が対話できる仕組みです。対話を通じて、キャリア開発への意欲を高めたいという意図です。

行動ガイドの例（営業中核職）

第7章 目標管理と人事評価

行動局面	着眼点	行動例
実務遂行行動	高レベルの目標設定	・達成可能性が五分五分となるような高いレベルの目標を設定する。
	マイルストーンの明示	・進捗状況を的確に把握できるマイルストーンを作って仕事を進める。
	仕事のモニターと完結	・担当業務の進捗状況を常に把握し、仕事のやりっぱなしを出さない。
	仕事の軌道修正	・状況の変化に柔軟に対応しながら、当初の目標にむけて仕事を進める。
	業界・製品の体系的知識	・担当する業界や製品について体系的知識を磨き続ける。
	専門知識の深耕	・専門的な知識を一歩深め、他社にはないノウハウを築く。
	情報蓄積	・仕事のなかで得られた情報を、メモや報告書の形で継続的に蓄積する。
問題解決行動	情報センサー	・外部の情報を積極的に入手し、上司や関係者に報告する。
	慢性的問題への切り込み	・慢性的な問題を放置せず、あえてそのテーマに取り組む。
	多角的判断	・一方的な見方ではなく、多角的な角度から考えた上で判断を行う。
	データ積み上げ	・そのときの気分で判断するのではなく、データを積み上げて判断を行う。
	問題解決スキル活用	・何らかの問題解決スキルを活用し、計画的に問題を解決する。
	工夫・アイデア	・業務を改善するため、何らかの工夫を行ったりアイデアを出したりする。
	末端の実態把握	・末端の現場でどんな事実が起きているのかを足で稼いでつかむ。
関係形成行動	問題意識の共有	・上司や同僚と問題意識を十分に交換し共有する。
	部門間連携の促進	・部門間の協力がうまく進むよう、十分な情報を提供する。
	自他の意見統合	・自分の意見とまわりの人の意見を統合する形で意見を調整する。
	仕事観の触発	・部下や後輩に、仕事や社会について考えるよう何らかの刺激を与える。
	育成プラン	・後輩や部下の育成についていきあたりばったりでない計画を持ち実践する。
	粘り強い交渉	・何回も交渉を積み重ね自分の意図する方向にリードする。
	自発的支援	・問題を抱えた人がいれば、自ら自発的に問題解決の支援を行う。
組織維持行動	行動のリストラ	・マンネリの行動に陥らないよう自らの行動をいつも工夫して変えていく。
	イニシアティブ	・安易に上司に判断を委ねるのではなく自らの意思を前に出す。
	こまめなアドバイス	・部下や後輩にこまめにアドバイスする。
	協力ムード	・職場での協力のムードが高まるよう意識的に努力を行う。
	発見学習	・体験したことの中から原理や原則をつかみ、自分なりのノウハウに仕上げる。
	ねばり・がんばり	・状況が苦しくても最後まで投げ出さずに仕事をやり遂げる。
	キャリア計画	・将来のキャリアについて自ら考え、それにむけて計画的な努力を行う。

評価基準のまとまりです。

覚えやすく短縮して着眼点を示しています。評価の視点です。

評価の視点を具体的な文章で示したものです。意味が異ならなければ、職場ごとに言葉を読み替えて運用することも可能です。

※行動評価書の一例は176～177頁にあります。

169

68 行動ガイドの作成法

　行動ガイドは、その仕事に詳しい人々（多くの場合は、管理者となります）が討議をして作成します。その視点は、企業理念から求められる行動、生産性の決め手となる行動の2つです。2つの視点で職場行動をとらえ、それを等級・職種ごとに整理をして作成します。1000～3000人くらいの組織で15種程度の行動ガイドを作成します。

　通常、行動ガイドには次のような内容を含みます。

行動局面
　求める行動の方向性を表現します。ここには企業理念が色濃く反映します。組織ごとに異なる表現になることが多いのですが、基本的には「組織維持行動」「関係形式行動」「実務遂行行動」「問題解決行動」といった役割のまとまりが行動局面となります。そこに組織理念や等級・職種などを反映して局面の名称を決定します。

着眼点
　求める行動を象徴的にひとことで表現したものです。評価視点を単語で表します。覚えやすくするためです。

行動例
　求める行動の具体例を文章で表現したものです。具体的な行動のイメージが湧くよう「～する」と表現します。

　一般的に、組織で求められる行動のすべてを評価基準の文章に表現することは困難です。このため、行動例については、各職場で語句を若干修正したり、行動例ごとの評価ウエイトのかけ方を変えたりすることもよいとし、行動局面単位で評価点をつけます。

行動ガイドのつくり方

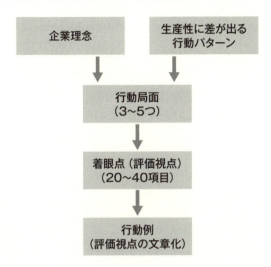

コラム 7-6

行動ガイドのさまざまな作成法

　行動ガイドの作成は、次のように作業を進めます。行動局面はスタッフやコンサルタントが設計します。着眼点は、管理者が討議をして単語を列挙し、それを評価して選択します。このとき、職場で求められる（あるべき）行動を考えるのが、重要です。着眼点まで固まると、それを文章で表現する作業を行います。管理者が行ってもスタッフが行ってもかまいません。

　標準的な手順以外にも、研修場面で望ましい行動のチェックリストを蓄積し、それを行動局面に添って分類し、着眼点をつくるという方法でも作成可能です。

69 評価力調整から人材育成へ

　評価力調整会議を何回か繰り返すと、評価が固定する人が浮かび上がります。それに対して一次評価者が問題意識を持ち、議論のテーマが、対象者の育成に、自然のうちに変わってきます。

評価の固定化
　評価力調整を行っていると、毎回、低い評価しか得られない人、毎回、高い評価を得る人が固定することがあります。本来、業績評価は短期的な評価ですから、評価の変動が大きく、行動評価はそれよりも小さな変動になるはずですが、実際には業績評価が固定することが起こります。その原因は担当業務への適性、上司や職場の仲間との相性、個人的な状況などが影響している可能性があります。

問題指摘
　評価が固定した人については、その後の育成を考えざるを得ません。低い評価に固定した人については、適性や上司との相性を考えてみる必要があります。そのようなとき、上司よりも、他の一次評価者の方が客観的に部下を見ているという良さが発揮されます。場合によっては、一次評価者の間で当該の部下を異動させるアイデアが出てきたりします。また、高い評価に固定した人材については、部門内での配置についての議論も行われてきます。その結果、評価力調整会議が人材育成会議に転化していくわけです。

　評価力調整会議は評価の目線をすりあわせることが主目的ですが、副次的には人材育成の考え方も部門内で共有できるようです。

第7章 目標管理と人事評価

コラム7-7

評価力調整による学習

評価力調整会議は、管理者にとっては自分の評価基準を確認する学習機会です。同時に、評価ランクを分ける基準を共有することは、評価ランクの考え方を学習する機会ともなります。それが結局、人を見る視点の学習に繋がるが故に、話の内容が人材育成に自然に移行していくのでしょう。

人事評価制度運用の原動力

CMBOは、目標設定から人事評価までのすべてのステップで対話を重視します。なかでも、ミーティングの持つ学習効果を重視します。

視野の拡大

職場目標設定、役割形成、ふり返り、評価力調整。これらのステップで実施されるミーティングは、いずれも個人を独断的な視野から脱出させる効果を持っています。自分の意見と他の人の意見の違いに注意を向けることは、仕事の視野を広げ、自分の仕事を「1つ上の立場から」見る訓練になります。また、他の人の意見から、自分の考えをもう一歩深めることができる学習効果もあります。「1つ深い専門度」から仕事を見る訓練になっていると言えるでしょう。

成熟度

仕事を学習することは、現実を受容する柔軟性を身につけることに繋がります。未成熟であれば、「自分の仕事を自分の側から」しか見ることができないのに対し、成熟した人であれば、「自分のことを相手の側から」も見る力がついてきます。それが身についてくると、ミーティングや面接の場で起こるさまざまな問題に対して、前向きの解決策を考えることができるようになります。

人事評価制度は運用次第で、プラスにもマイナスにも機能する制度です。CMBOに取り組むことが人事評価制度の運用レベルも高めることを改めて述べておきたいと思います。

コラム 7-8

人事担当者と現場の仕事

　平成に元号が変わった頃から、現場に通用する人事マンが少なくなったと筆者は感じています。その原因は、人事マンが現場の仕事と人について学習する時間が持てなくなったことにあるようです。職務調査ぬきの職能資格制度、職務分析ぬきの職務等級制度、成果を担当者任せにした成果主義人事、最悪はコンサルタント依存の制度改訂。このような仕事ぶりでは、現場の仕事実態を学習できず、人事にノウハウが蓄積できません。かといって、職務調査や職務分析、成果の定義などの作業が効率的とも思えません。

　そこで、人事マンの新たな動き方として、職場支援業務を提案します。現場のミーティングで触媒役を務めたり、議論のプロセス設計を手伝うという支援。現場管理者の弱点を補いつつ、人事担当が現場の仕事を学習する方法です。職場支援業務を人事部門がこなせるようになると、人事部門はライン管理者のパートナーになることができます。

コラム 7-9

発見主義人事

　職場主義目標管理と親和性の高い人事の考え方を表現すると「発見主義」といえるでしょう。仕事の改善機会や自分自身の能力開発機会を発見することに重きを置いているからです。ただし、それを賃金に連動させる上では、能力給でも職務給でもかまいません。賃金に関する議論以上に、仕事と人の可能性を議論する人事でありたいと考えています。

行動評価書の記述例（販売３課 八田課員）

本人記入（この1年間のふり返り）（面談用メモ）	行動局面	着眼点	行動例
①今期は粗利率を犠牲にしても販売高を上げることにこだわってみた。個人目標も高めに設定したがほぼ達成することができた。充実した半年を過ごせたと思う。 ②従来の「数を歩く」というスタイルを変えてみた。事前によく準備して、ステップを追って商談を進めると効率的な商談ができることが体験できた。 ③販売条件を事前に上司と詰めておくことにより、商談場面で責任を持って取引条件を提示できた。それが、お客様の信頼感に繋がったと思う。 ④お互いが外に出ているため、下田主任とは連絡がとりにくかった。下田主任には未だ遠慮がある。 ⑤カタログの販売企画を通じて、課内の若手がお互いにアイデアを出し、連携した動き方ができるようになってきた。 ⑥他社の小物の販売は自分では名案と思い、現実に売上は上がったが、在庫管理や請求事務など思わぬ所で時間がかかってしまった。物流や営業事務についての知識の不足を痛感した。	実務遂行行動	・高レベルの目標設定	・達成可能性が五分五分となるような高いレベル
		・マイルストーンの明示	・進捗状況を的確に把握できるマイルストーン
		・仕事のモニターと完結	・担当業務の進捗状況を常に把握し、仕事のやり
		・仕事の軌道修正	・状況の変化に柔軟に対応しながら、当初の目標
		・業界・製品の体系的知識	・担当する業界や製品について体系的知識を磨き
		・専門知識の深耕	・専門的な知識を一歩深め、他社にはないノウハ
		・情報蓄積	・仕事のなかで得られた情報を、メモや報告書の
	問題解決行動	・情報センサー	・外部の情報を積極的に入手し、上司や関係者に
		・慢性的問題への切り込み	・慢性的な問題を放置せず、あえてそのテーマに
		・多角的判断	・一方的な見方ではなく、多角的な角度から考え
		・データ積み上げ	・そのときの気分で判断するのではなく、データ
		・問題解決スキル活用	・何らかの問題解決スキルを活用し、計画的に問
		・工夫・アイデア	・業務を改善するため、何らかの工夫を行ったり
		・末端の実態把握	・末端の現場でどんな事実が起きているのかを足
	関係形成行動	・問題意識の共有	・上司や同僚と問題意識を十分に交換し共有する
		・部門間連携の促進	・部門間の協力がうまく進むよう、十分な情報
		・自他の意見統合	・自分の意見とまわりの人の意見を統合する形で
		・仕事観の触発	・部下や後輩に、仕事や社会について考えるよう
		・育成プラン	・後輩や部下の育成についていきあたりばったり
		・粘り強い交渉	・何回も交渉を積み重ね自分の意図する方向に
		・自発的支援	・問題を抱えた人がいれば、自ら自発的に問題
	組織人行動	・行動のリストラ	・マンネリの行動に陥らないよう自らの行動を
		・イニシアティブ	・安易に上司に判断を委ねるのではなく自らの意
		・こまめなアドバイス	・部下や後輩にこまめにアドバイスする。
		・協力ムード	・職場での協力のムードが高まるよう意識的に努
		・発見学習	・体験したことの中から原理や原則をつかみ、自
		・ねばり・がんばり	・状況が苦しくても最後まで投げ出さずに仕事を
		・キャリア計画	・将来のキャリアについて自ら考え、それにむけ
	加点項目	・目標必達意欲	・高度な目標に挑戦する。
			・目標達成のための工夫を編み出す。
		・上司説得	・自分の意見をしつこく主張する。
			・上司の多少の反対でへこたれず、二の案、三の

能力の伸び（本人記入）	能力の伸び（上司記入）
①商談をステップを追って、ストーリーを持って展開できるようになってきた。従来のように行き当たりバッタリの営業ではなくなってきた。 ②次年度はもうひとつぐらい新しい売り方を考え実践してみたい。小物以外の商材をあつかったり、あるいは百貨店と連携したりして、ギフトではなく、生活提案の商品として新しい売り方を考えてみたい。	・今期は飛躍的に成長を遂げた。多少強引にでも自分の意見を主張し、上司を説得して、自分の責任売上目標を達成しようとした。 ・次の課題としては物流や取引条件、製品知識といった、我が社の事業の仕組みを理解する努力が必要。 ・この調子で2年頑張れば、有望な営業マンに大化けする可能性あり。

第7章　目標管理と人事評価

	行動事実 （一次評価者記入）	素点	ウエイト	得点
する。 進める。 さない。 を進める。 蓄積する。	・自分の役割をよく考え、挑戦的な目標を設定した。 ・小物の在庫状況を自らチェックし、不良在庫を出さない努力をしたが、物流知識をもう少し持っていれば、効率が上がる余地が大きい。 ・製品や地域の顧客の状況について熱心に情報を入手し課内のメンバーとメールで共有している。 ・商談の前に取引条件を上司と確認するようになり、商談場面で落ち着いた対応ができるようになった。	8	0.2	1.6
行う。 判断を行う。 したりする。 む。	・顧客の小物へのニーズを敏感にとらえ、社内の仕事に活かした。 ・カタログの送付をいっきに行わず、カタログの送付と訪問もしくは電話を組み合わせて、新しいスタイルの営業に取り組み始めた。 ・債権回収の仕組みづくりを田宮と連携してつくり上げ、上司と担当者の連携で売掛債権を減らす取り組みができるようになった。 ・顧客情報をこまめにLANに流し、共有した。	9	0.2	1.8
る。 を与える。 持ち実践する。 う。	・中田課長、山田係長と目標設定時に1時間以上かけて話し込んだ。 ・柿田の問題意識を、職場全体の問題として取り上げていった。 ・田宮に対してQC技法の指導を行った。 ・半年前から日程をセットし予定に添って勉強会を実施した。 ・課長のトップ訪問の日程のセッティングをメールでやろうとしたが、うまく段取りがつかないことが多かった。 ・自分の顧客からの紹介をうまく活かしていくことができるようになった。	8	0.2	1.6
変えていく。 クに仕上げる。 力を行う。	・単に足数だけで稼ぐ営業から脱皮するために、一生懸命に考えた。 ・値引きの条件について、自分の意見を述べてから上司の見解を聞くようにしていた。 ・田宮や柿田、小田の抱えている問題に対して声をかけたり、教えたりして、年代の違いをうまく繋ぐ配慮を行った。	9	0.2	1.8
	・目標設定ミーティングの後、自分の役割をよく考え、挑戦的な目標を設定した。 ・カタログを訪問販売の販売促進に用いたり、小物の販売を考えたりとか、商談の準備が十分に行われた。 ・上司があまり賛成でないことをわかりながらも小物の販売を訴え、上司の了解を取り付けて実施した。また、その問題点も自分で気づき、改善策を考えている。	10	0.2	2
		合計点		8.8

二次評価者記入欄		
〈一次評価〉 ①大甘 ②甘い ③妥当○ ④辛い ⑤大辛	〈職務適性〉 ①おおいにある○ ②おおむねある ③多少ある ④精いっぱい ⑤他職務がむく	〈コメント〉 将来の営業係長から所長候補の人材。なるべく多くの職務体験を積ませたい。次年度には主任昇格を推薦予定。
〈能力の伸び〉 ①ぐんぐん○ ②着実 ③緩やか ④停止 ⑤マンネリ	〈能力余裕〉 ①他職務も十分可能 ②他職務も可能 ③職務により可能 ④現職務で手一杯	

一次評価	A
二次評価	A
最終評価	A

行動期待表の例（販売3課 柿田課員）

	着眼点	行動チェックリスト
実務遂行行動	・高レベルの目標設定	・達成可能性が五分五分となるような高いレベルの目標を設定する。
	・マイルストーンの明示	・進捗状況を的確に把握できるマイルストーンを作って仕事を進める。
	・仕事のモニターと完結	・担当業務の進捗状況を常に把握し、仕事のやりっぱなしを出さない。
	・仕事の軌道修正	・状況の変化に柔軟に対応しながら、当初の目標にむけて仕事を進める。
	・業界・製品の体系的知識	・担当する業界や製品について体系的知識を磨き続ける。
	・専門知識の深耕	・専門的な知識を一歩深め、他社にはないノウハウを築く。
	・情報蓄積	・仕事のなかで得られた情報を、メモや報告書の形で継続的に蓄積する。
		平
問題解決行動	・情報センサー	・外部の情報を積極的に入手し、上司や関係者に報告する。
	・慢性的問題への切り込み	・慢性的な問題を放置せず、あえてそのテーマに取り組む。
	・多角的判断	・一方的な見方ではなく、多角的な角度から考えた上で判断を行う。
	・データ積み上げ	・そのときの気分で判断するのではなく、データを積み上げて判断を行う。
	・問題解決スキル活用	・何らかの問題解決スキルを活用し、計画的に問題を解決する。
	・工夫・アイデア	・業務を改善するため、何らかの工夫を行ったりアイデアを出したりする。
	・末端の実態把握	・末端の現場でどんな事実が起きているのかを足で稼いでつかむ。
		平
関係形成行動	・問題意識の共有	・上司や同僚と問題意識を十分に交換し共有する。
	・部門間連携の促進	・部門間の協力がうまく進むよう、十分な情報を提供する。
	・自他の意見統合	・自分の意見とまわりの人の意見を統合する形で意見を調整する。
	・仕事観の触発	・部下や後輩に、仕事や社会について考えるよう何らかの刺激を与える。
	・育成プラン	・後輩や部下の育成についていきあたりばったりでない計画を持ち実践する。
	・粘り強い交渉	・何回も交渉を積み重ね自分の意図する方向にリードする。
	・自発的支援	・問題を抱えた人がいれば、自ら自発的に問題解決の支援を行う。
		平
組織人行動	・行動のリストラ	・マンネリの行動に陥らないよう自らの行動をいつも工夫して変えていく。
	・イニシアティブ	・安易に上司に判断を委ねるのではなく自らの意思を前に出す。
	・こまめなアドバイス	・部下や後輩にこまめにアドバイスする。
	・協力ムード	・職場での協力のムードが高まるよう意識的に努力を行う。
	・発見学習	・体験したことの中から原理や原則をつかみ、自分なりのノウハウに仕上げる。
	・ねばり・がんばり	・状況が苦しくても最後まで投げ出さずに仕事をやり遂げる。
	・キャリア計画	・将来のキャリアについて自ら考え、それにむけて計画的な努力を行う。
		平

1つ上の等級の行動ガイド
を用いています。

第7章 目標管理と人事評価

顕著な特色のある項目に印をつけます。主として、
1 上司や同僚との点数の違うところ
2 点数が高いところ、低いところ　です。

平価	上司評価	職場評価	差異1	差異2	上司期待	分析メモ	分析
4.0	3.5	3.8	−0.5	−0.2	○	←	
4.0	3.0	4.0	−1.0	0.0		×	
3.0	3.0	3.3	0.0	0.3			自分ではこれで十分と思っていたが、上司はもう一段階難しい目標に取り組むことを求めている。専門知識もそういわれているので、同僚と同程度で満足してはいけないといわれているのか。
3.0	3.0	3.3	0.0	0.3			
3.0	2.5	4.3	−0.5	1.3	○		
2.0	2.5	3.3	0.5	1.3			
3.0	4.0	4.0	1.0	1.0		○	
3.1	3.1	3.7	0.0	0.6			
4.0	4.0	4.3	0.0	0.3			
3.0	2.0	2.5	−1.0	−0.5		×	問題をしっかりと構造的にとらえ大きな計画を作って段取りよく問題解決を進めることが期待されているようだ。足で稼いだ情報を職場で共有することについてはほぼできていると上司も同僚も認めてくれている。
3.0	1.5	2.5	−1.5	−0.5		×	
4.0	3.0	3.5	−1.0	−0.5		×	
2.0	1.5	3.3	−0.5	1.3	○		
4.0	4.0	3.8	0.0	−0.2			
3.0	4.0	4.5	1.0	1.5		○	
3.3	2.9	3.5	−0.4	0.2			
4.0	4.0	4.5	0.0	0.5			
4.0	4.0	4.5	0.0	0.5			職場の問題解決に対するかかわりをもう一段階レベルの高いものにすることが求められている。単なる手助けのレベルではなく、自分の意見を持った形でまわりの人とかかわることを求められている。
3.0	2.5	3.5	−0.5	0.5			
2.0	1.5	2.3	−0.5	0.3			
1.0	1.0	2.0	0.0	1.0		×	
2.0	2.0	2.0	0.0	0.0			
4.0	3.0	3.8	−1.0	−0.2		×	
2.9	2.6	3.2	−0.3	0.3			
4.0	3.0	3.8	−1.0	−0.2		×	
3.0	2.5	3.5	−0.5	0.5			
4.0	5.0	4.3	1.0	0.3		○	職場の雰囲気づくりに関しては十分な活動ができていると、上司も仲間も認めてくれている。
4.0	5.0	4.8	1.0	0.8		○	
3.0	3.5	3.8	0.5	0.8			
3.0	3.0	4.0	0.0	1.0			
2.0	1.5	3.0	−0.5	1.0	○	←	
3.3	3.4	3.9	0.1	0.6			

複数の人の平均値を計算しています。

上司が期待している行動例4つに○をし、部下の能力開発への期待を示します。

おまけのコラム⑦

評価者の負担

　人事制度は、意図された通りに機能する保証がありません。なぜなら、現場でそれを運用する管理者が人事部門の意図通りに行動するとは限らないからです。

　悪意がなくとも制度の意図を歪めてしまう管理者の行動の背景には、評価者の負担があります。特に一次評価者は、①部下の仕事ぶりを観察する負担、②評価結果を部下に説明する負担、③評価結果を他の管理者や上位管理者に説明する負担、④自分の部下が不利にならない評価を行う負担、といった心理的負担を抱えるなかで人事評価を行います。

　この負担によって一次評価者は、①評価を寛大化させる、②評価を中心化させる、③説明しやすい計数的な成果を中心に評価する、等の行動をとりがちになります。その結果、設計時に意図した評価の分布と異なる分布ができあがり、人事部門の意図が実現されないことになります。

　評価者負担は、一次評価者が部下から尊敬されているときや、二次評価者から信頼されているときには大幅に軽減されます。また、人事評価手続きの設計段階で、評価者の負担が必要以上に増加しないような配慮を加えておくことが人事部門に求められます。

（参考　中嶋哲夫他編著『人事の経済分析』ミネルヴァ書房）

第 **8** 章

目標管理と
能力開発

　第8章では、目標管理と能力開発の関係を説明します。最もわかっていただきたいことは、目標管理を用いて意識的な仕事への取り組みを行うと、考えながら仕事を進める力が高まってくることです。仕事の知恵の増加です。それを理解していただくために、目標管理の説明から少し寄り道をします。目標管理をより深く理解するためにおつきあいください（面倒だと思う方は読み飛ばしてください）。

71 2つの能力観

　能力開発を考えるとき、能力を2つに分けてとらえておきたいと思います。1つは標準がある能力、もう1つは標準がない能力（知恵）です。

標準がある能力　この能力の特徴は、仕事に必要な能力を事前に記述できることです。従って、どんな能力が満たされており、どの能力が不足しているのかを明確に評価できます（例えば、知識習得であれば学科試験で、技能習得であれば実技試験でテストが可能です）。能力開発の方法は、不足する能力を訓練するという方法になります。

標準がない能力　これに対して、標準がない能力の特徴は、能力の内容を事前に記述しにくいことです。表現するならば「○○さんが××の状況で発揮するような能力」といった表現になります。この場合、ある担当者がどんな能力を身につけるべきかを曖昧なイメージでしか語ることができません。また、「○○さん」も自分の能力を上手に説明することができません（優れていることはわかるにしても、何が優れているのかを説明できません）。従って能力開発方法も、同じような仕事を体験し、そのなかで自分なりの知恵を体得していくという方法をとらざるを得ません。つまり、担当替えや異動で役割を変え、さまざまな体験を積むなかで習得するべき能力です。言葉を換えれば、それは知恵というべきものだと考えています。

標準がある能力と標準がない能力

	標準がある能力の開発	標準がない能力の開発
努力と結果の関係の明確さ	明確	不明確
能力開発ニーズの具体性	明確	曖昧
主たる対象者	定型実務担当者	企画裁量型実務担当者
能力の内容	知識、基本技能	知識活用、問題解決、役割認識
能力開発方法	不足する能力を訓練（伝統的OJT）	体験と発見（問題解決体験）
目標管理との関連	能力開発目標	業務目標
獲得される能力	実務遂行能力	問題解決能力、マネジメント能力

コラム 8-1

能力開発目標

　目標管理のなかには、業務目標と能力開発目標の2種類の目標を設定する仕組みになっているものがあります。しかし、CMBOでは能力開発目標を設ける考え方をとっていません。その理由は、能力開発目標に設定できるのは、標準のある能力に限られるからです（語学習得、資格取得といった内容が多くなります）。

　標準のない能力については業務目標を設定し、真剣に仕事に取り組むことが最も良い能力開発方法です。仕事に正面から向かい合った副次効果として、気がついたら能力が高まっていたというのが、標準がない能力の開発方法です。

72 仕事を意識化する

　能力を身につける上での大敵はマンネリです。

分業による無能化

　私たちは組織のなかで分業を行い、同じ仕事を繰り返して習熟し、専門性と効率を高めています。しかし、それには落とし穴もあります。技能や思考力を発揮しているのは狭い範囲でしかないという落とし穴です。分業によって、仕事の効率が高まることはよいのですが、技能と思考力が特定の範囲にしか及ばないのはマイナスです。その結果、担当業務の目的を見失いやすくなり（見失っても仕事は効率的に遂行できます）、結果的に無目的な繰り返し行動（マンネリ）となって能力の伸びが止まります。それが分業の落とし穴です。

仕事の意識化

　分業の落とし穴に嵌らないためには、無目的繰り返し行動を、一旦止める必要があります。つまり、一つひとつの仕事を、その目的にさかのぼってとらえ直し、仕事のやり方を見直す作業が必要です。目標管理は、そのような努力の1つです（他にも、マニュアルづくり、ルールづくり、標準作業づくりなども意識的に仕事をとらえ直す努力です）。

目的・手段

　目標管理では、目的と手段の整合性を考えます。職場目標と役割の関係や、個人目標と実行計画の関係を、目的と手段として整合させるべく考えます。それによって、仕事の目的を再確認し、無目的繰り返し行動を意識的な行動に切り替え、標準のない能力を身につけようとしています。

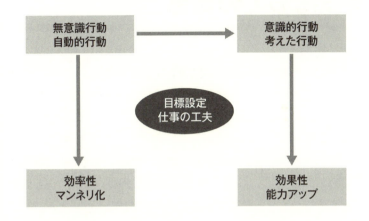

コラム 8-2

一止

　若い頃、坐禅の師匠に教えていただいた言葉に「一止」という言葉があります。坐禅の本質をひとことで述べた言葉。動きまわる気持ちをいったん止める、そうすると正しくなる（一と止を上下に続けて書くと正という字になります）という意味だそうです。私がこの言葉を大事にしていたら、10回連続出席のご褒美にいただいた警策には「一坐三走」と書かれていました。いつまでも座っていたがる筆者に、「ちょっとは働け」といわれたのでしょう（笑）。Seeは一止に通じると思います。

73 能力としての知恵

71項で、標準がない能力の内容を知恵と表現しました。これはある状況で、いろいろな打ち手を考える力が能力の中心と見る考え方です。そのような能力（知恵）が身につくもとには次の3種があるようです。

知識 専門的な知識が多ければ多いほど、知恵に転化する可能性は高いでしょう。しかし、それが知恵に繋がらない場合も散見されます。つまり、知識が知恵に繋がる保証はありません。むしろ知識の使い方を知り、知識と現実が切り結ぶときに発見が生まれ、知恵に繋がるようです。

体験 いろいろな体験が多いほど、知恵は出やすいようです。非常事態が起きたときなどは、過去に体験のある人でなければ対応できないこともあります。しかし、知識と同様、体験の多さが知恵に繋がる保証はありません。大事なのは、体験から発見した一般原則のようです。それを身につけると、体験を上手に活かす力になるようです。

発見 知識や体験を組み合わせるなかから、新たな原則を導き出す能力です。新たな気づきもあるでしょうし、新たな発見かもわかりません。最も確かな知恵の獲得法だと思います。

自分の体験で確かめた、実感的に信じる知識の蓄積こそが標準のない能力である、知恵そのもののようです。

体験と発見による知恵の形成

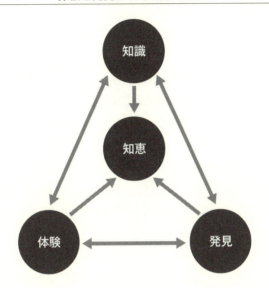

コラム8-3

信じるな、疑うな、確かめよ！

　筆者が訓練を受けている沖ヨガの考え方に「信じるな、疑うな、確かめよ！」という言葉があります。心身全体の健康を身につけるための学習方法に関する注意です。師匠の教えを盲信せず、疑わず、とりあえず実践して自分の身体で確認した上で、それを自分の知恵にするという考え方です。そこに自分の工夫を加えると、その人らしいヨガができると考えます。

　ヨガでは身体を学習素材にします。同様に私たちは仕事を学習素材として「信じず、疑わず、確かめる」ことで能力を高めたいものです。

（参考　龍村ヨガ研究所　http://www.tatsumura-yoga.com/）

74 仮説検証型の仕事方法としての目標管理

仕事を素材にした学習を進めるとき、目標管理を仮説・検証型の仕事の進め方として意識すると、能力開発効果が高まります。

仮説 期初に設定する目標や実行計画は、ある時点の状況認識を前提とした仮説。目的と手段に関する仮説です。

職場目標は、今の状況で職場が成し遂げうる最善の成果に関する仮説。役割は、そのための手段であるメンバーの行動様式に関する仮説。個人目標は、その役割で個人が成し遂げうる最善の成果に関する仮説。実行計画はそのための手段の仮説。こう考えることができます。

検証 これに対して、期末のふり返りは、仮説を検証する作業です。状況認識は正しかったのか、職場目標は適切であったのか、手段としての役割が適切だったのか、個人目標は？　実行計画は？　こう考えると、得られた結果が目標と異なる場合には、仮説のどこかが間違えていたと考えざるを得ません。その間違いを修正することによって仮説の精度を高めます。それがPDSサイクルから知恵を生み出す方法です。

仮説の精度は、仕事に関する専門性に比例します。専門性が上がれば上がるほど、目標の達成可能性を正確に予測することができるようになります。

PDSサイクルをまわして仮説の精度を高めることは、専門的知恵の習得速度を速めるわけです。

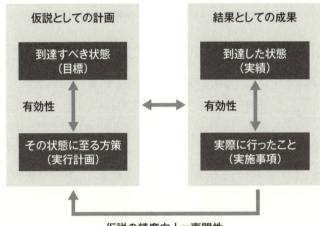

コラム 8-4

PDS サイクル

　多くの企業ではPDCA（Plan、Do、Check、Action）サイクルをスパイラル・アップすることが推奨されていると思います。そこではCheck & Actionが強調されます。しかし、目標管理ではPDS（Plan、Do、See）サイクルを強調します。

　2つの考え方は似ていますが、Check & Actionという、素早い是正処置を強調するのか、じっくりと考えて良い計画をつくることを強調するのかに違いがあります。ふり返りや目標設定において生まれる発見を大事にしたいので、CMBOではSeeを強調しています。

75 暗黙知を形式知に置き換える
（定性目標の意味）

CMBOでは、通常の目標管理に比べて、定性的な目標の大切さを強調します。その理由は次の点にあります。

新知識の発見　定量的に設定できる目標項目は、これまでの先輩が考え、蓄積してきたものさしです。つまり、それは既存の知識体系に依存しています。いっぽう、CMBOでは、新たな知恵の発見（知識の発見）を重視しています。経営環境が変わるなかで、継続的に競争力を高めようと思えば、新知識の発見が欠かせないからです。そして、新たな知識は、定量的に把握できる保証はありません。むしろ曖昧なイメージの状態にあります。それを何とか言葉に表し、意識的にとらえることによって、新知識が発見できる。そう考えて、定性的な目標を重視しています。

暗黙知の文節化　知識マネジメントの用語を借りると、定性的な目標のなかには、暗黙知が含まれています。私たちが体得していながらも上手に言葉に表現できない知識です。各々の人が仕事のなかで体感した知識と言えるでしょう。それは、未だに職場で共有された知識とはならず、個人のなかに貯められている知恵です。それを活かすために、暗黙知を形式知に置き換える工夫を行って、職場のなかで共有するのが定性的な目標を重視する意味です。暗黙知を文節化（言葉で表現）し、それをやりとりして職場で共有することによって、職場全体で仕事に関する新たな知識を増やしたいわけです。

暗黙知の文節化

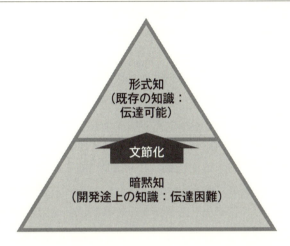

コラム 8-5

定性的目標の評価

　定性的な目標は、達成度を評価しにくいものです。ただし、状態を表現できた定性的な目標については、ある程度まで到達度評価が可能です。その方法は、その仕事に詳しい複数の担当者の話し合いで評価するという方法です。この方法は、複数の認定評価を突き合わせて評価の客観性を確保する方法です。

　残念ながら、その仕事に詳しくない人に対する説明力は保ちにくいかもしれません。しかし、組織内の人事評価であれば、評価者は、その仕事をよく知っている人ですから、専門家による合議と考えることができます。複数の人による認定評価の突き合わせによって、客観性を持つと考えてよいわけです。

問題解決のモデルと目標管理

問題解決を大きくとらえると、右頁の図のようになります。

現状の写真　現実1は私たちを取り巻いている現実の姿です。その現実から、計測や観察によってデータをとりだし（記号化）、その関係を整理したものがモデル1となります。現実を切り取った写真です。文書や図、心象風景で表されると思います。このとき、①素直に事実を直視すること、つまり、色眼鏡で事実を見ないこと、②事実を表現できる適切な記号（言葉）を用いること、③解決すべき問題に対応した抽象度で考えること（一部は細かく、一部は粗い場合には、ギクシャクとしたモデルになります）の3点に注意が必要です。

青写真　モデル1を眼前において、私たちは構想をつくります。モデル2です。青写真になります。青写真には、できあがるべき姿とそのための実施策が含まれることになります。

青写真をつくるに当たっては、問題解決に臨む人の意思の強さや期待レベルの高さが反映します。高いレベルの期待を持っていれば、青写真も高度なものになるでしょう。そこそこであればそれなりの青写真がつくられるでしょう。

実施　モデル2から現実2の間を繋ぐのは具体的な活動。問題解決者の手練手管が必要です。

おわかりのように、目標書はモデル2の場所にあります。それがあることによって、現実を見る目もしっかりしてくるのです。

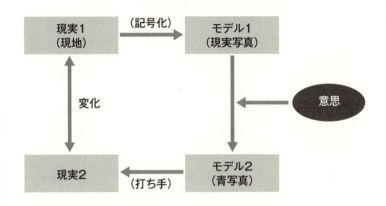

コラム 8-6

ものの見方の創造性

　問題解決に当たって、創造性が大事であることは言うまでもありません。ただ、創造性を新しいアイデアの発生のレベルでとらえると大事な点を見落とします。実務のなかで大切なのは、現実をどこまで創造的に見ることができるか、つまり、現実を記号に切り取るときに発揮される創造性です。「一般論通りになっていない」、という現状否定の「型にはまった」事実認識からは、批判はできても問題解決のアイデアは生まれてきません。現実のなかに可能性を見つけるものの見方の創造性を大切にしたいところです。

77 情報の位置づけと主体性

　身の回りにある情報と行動主体としての自分自身の関係を筆者は右頁の図でとらえています。

4つの象限
　自分自身と情報との距離をもとに、内在と外在という軸をつくり、情報処理の目的との関連で有意味と無意味という軸を組み合わせると4つの象限ができあがります。右上の外在・有意味は誰とでも共有できる情報。マニュアルや総括的な報告書が相当します。左上は内在・有意味。こちらは、ある程度体系的になっているものの、他の人と上手に共有できるところまでは整理されていない情報です。左下は、内在・無意味。本人は直感的に問題をとらえているのですが、当人もその情報を整理し切れていないような状態です。問題意識の状態といってもよいかも知れません。右下は外在・無意味。素朴な疑問のレベルです。

情報の内在化
　問題解決を実践するためには、ネットや教科書から得られる外在的な知識では不十分です。その情報と自分自身の距離を近づけて、解決すべき課題として意識していく問題意識の形成過程が必要です。そのためには、うまくまとまらない内在・無意味の状態を経過せざるを得ません。まとまらない状態に対してしばらくの間忍耐し、情報が体系的に整理されるのを待つことが必要です。

　見事に整理された目標書よりも、少し「？」マークがつく目標書の方が、実務では良い目標書になることが多いようです。

情報の位置づけ

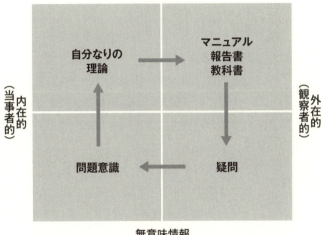

コラム 8-7

研修の優等生

　長く研修に携わっていると、研修の優等生というタイプがいることがわかります。研修で作成されたシートの内容は素晴らしいのですが、その後の業績は中庸程度に落ち着くというタイプです。上の図の外在・有意味の所で目標書がつくられるのでしょう。これに対し、シートに味わいが出ている受講者もいます。この方の場合、目標書は内在・有意味の象限でつくられているのだと思います。2つの目標書の違いは、問題意識の強さの違いから出ているのでしょう。

78 思考の4つの立場

　前項とも関連するのですが、私たちが物事を考えるときにとる
立場に、4つの類型があるようです。

About主義者
評論家的な立場です。物事についての解説は上手な
のですが、いざ何かに取り組むことになると腰が引
けてしまいます。問題の整理には力を発揮しますが、実行段階で
は上手に力を発揮できないタイプです。

Should主義者
べき論を述べがちなタイプです。状況に合っている
ときには理想を掲げる機能を果たせますが、状況に
合致していないときは単なる評論家になってしまいます。特に、
一般論を基準に現状を批判するShould主義者は、単なるうるさ型
でしかなくなります。

Will主義者
何かを成し遂げたいという発言傾向が強いタイプで
す。意思を明確に打ち出すので、協力もしやすいタ
イプです。リーダーとしても担当者としてもともに働きやすい人
です。

Hopeさん
「～なればいい」とまわりを当てにした発言をするタ
イプです。このタイプのなかには、Will主義者と同様、
「～したいのですが」と言いながらも、発言されない語尾に「私は
できない」という意志表示が含まれている人がいます。

　組織のなかで、どんな立場でモノを考えているかをふり返って
みてください。筆者自身も可能な限りWillの立場で発言したいと
願っています。

思考の4つの立場

思考の立場	内容	良い場合	良くない場合
About主義者	事実を冷静に解説する立場。評論家のようでもある。	事実を間違いなくとらえることができる。	実践になったときに腰が据わらない。
Should主義者	ある基準に到達するべきだという立場。先生のようでもある。	理想を掲げるのでエネルギー源になる。	一般論を基準に批評するにすぎない。
Will主義者	自分のやりたいことを明確に示す。	意図がわかりやすくコミュニケーションがとりやすい。実践の場で力になる。	単なるわがままに見えることもある。
Hopeさん	自分の望みを他人がやってくれることを期待する。	何の害にもならない。	何の力にもならない。

コラム 8-8

科学的であることと実践的であること

　私たちは、科学的であることがよいことであると信じているようです。しかし、科学的であろうとして「客観的に事実を見る」ことを意識しすぎると、研究者的になりすぎます。説明はできるが仕事は動かせないという状態です。76項でいえば、モデル1をつくることには成功するのですが、モデル2をつくり、打ち手を考える力が弱くなります。

　仕事を進めるためには、モデル2をしっかりとつくることが必要です。そのためには、まずは自分の意思をきちんと持つこと、次に、その意思を実現するために科学的に事実をとらえるという順に考えるのがよいようです。

79 メンバーからの学習

CMBOでは、職場での対話を通した学習を強調しています。ここで改めて、職場から何を学べるのかを整理します。

役割モデル 上司や先輩の仕事ぶりは、後輩の役割モデルとなります。良い場合は手本。悪い場合は反面教師にもなります。先輩のこの点が優れていると思うと、後輩が知らず知らずのうちに影響を受け、ものの言い方や考え方が似てくるのを、皆さんも体験されているはずです。あんな人になりたいと、後輩が思ってくれることが、職場における学習の出発点です。

気づき 職場のメンバーは日常的に接点がある人たちです。私たちの行動に対する職場の仲間の反応は、日常的なフィードバック情報となります。そこから気づきが得られるのは、ジョハリの窓で説明したとおりです。また、私たちは職場のメンバーから後ろ指をさされることを自制する側面もあります。毎日の仕事のなかで微細なフィードバック情報を得られるから、私たちが行動を自分でコントロールできるのです。

プチ・スキル 仕事の進め方のほんのちょっとの違いを仲間から学ぶことができます。わかりやすい文章を書くコツ、プレゼンのやり方、上司の説得方法など、具体的な状況に即したメンバーからのアドバイスは、プチ・スキルの習得に繋がります。

職場のメンバーは、個人にとっての情報の宝庫です。メンバーが持つ知恵を上手に借りる力をつけておきたいものです。

第8章 目標管理と能力開発

コラム8-9

雑談の大切さ

　ITが普及してから、職場での雑談風景が大幅に減ったと感じます。大きな問題を抱えています。メールでのやりとりは、当面抱えている課題解決に話題が限定されます。話に広がりがありません。いっぽう、雑談には広がりがあります。人の心理的な距離を近づけたり、精神的にサポートされている感覚を強めると同時に、雑談から仕事のアイデアが生まれたり、ヒントをもらったりすることができます。メールでの「おまけの情報」や雑談の効用を大切にしたいものです。

職場における情報共有
――2つの効果

　CMBOは、ミーティングを通じた職場での情報共有を強調しています。その目的は、集合的な知識をつくることにあります。

共有知　共有された仕事の知識です。それには誰がどんなことを知っているのかに関する知識と、メンバー全員が持っている知識の2種類があります。どちらも多ければ多いほど、必要なときに知識の動員が可能です。最も望ましい状態は、限りある個人の脳にすべての情報を蓄積するのではなく、個人の間に分散している情報をいつでも誰でも使える状態にしておくことだと思います。

協創知　もう1つは協働でつくり出す知恵です。ある課題について話し合っているうちに、お互いの意見が刺激となって、新たなアイデアが生まれるというものです。生まれたアイデアは、誰かのアイデアというよりも、みんなのアイデアというほうが適切なものになっています。

　仕事が知識化した現代では、「考える人」と「作業をする人」を分割すると生産性は高まりません。「考えながら作業をする人」でなければ生産性を上げることができません。そう考えると、職場の全員が仕事について考えることができ、雑談のなかで新たなアイデアを生み出せるような職場のあり方を追求せざるを得ません。また、それを支えるためには集合的な知識を蓄積するのがもっとも早道となるわけです。

対話と集合知

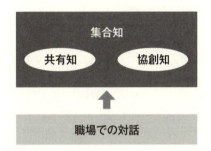

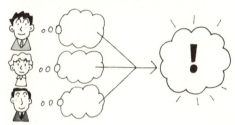

コラム 8-10

情報を持つ人を知る

　個人の頭脳には容量の限界があるようです。多忙になれば忘れ物が増えるし、あることに集中すると他のことがおろそかになる。つまり、仕事に関してすべての情報を自分の頭のなかに入れておくことはできないのが現実です。

　であれば、どんな情報を誰が持っているのかを知ることは、自分の頭の容量不足を補う有効な方法です。情報を持つよりも検索エンジンを持つイメージです。それがあれば、いつでも他の人が持つ情報を活用できます。職場メンバーの一人ひとりが検索エンジンを分散させて持っているとイメージすると、個人が活用できる情報量は飛躍的に多くなると感じます（異質の人が集まっていればいるほど情報量が増加します）。

おまけのコラム⑧

行動期待表を用いた研修

　行動ガイドは人事評価に用いるだけではなく、多面評価の研修に利用することもできます。行動ガイドを用いたアクション・リサーチ研修です。

①受講者が今後目指すべき立場の行動ガイドを利用する。

②研修の前に、上司や同僚に行動ガイドの行動例ごとに評価をしてもらう（5段階程度）→研修までに事務局で集計をしておく。

③研修受講者も事前に行動ガイドの行動例ごとに評価をしておく（5段階程度）。

④研修当日に事務局で集計したデータを返却し、受講者の自己評価との差異を明確にする（「つもりの自分」と「まわりが見ている自分」の差の把握）。

⑤差異の原因を思い浮かべ、意図通りに受け止めてもらうために、改善すべき行動を探し出す。

　1）この段階は個人分析とグループ討議を行います。

　2）グループ討議にはファシリテーターが参加します。

という研修です。階層別の研修や昇格前研修で用いると効果的です（行動期待表の記述例は178頁に示してありますので、参考にしてください）。

第 **9** 章

目標管理の 導入と 再活性化

第9章と第10章は目標管理の導入や再活性化を行う事務局担当者のための内容です。理解していただきたいことは、目標管理の運用のためには、管理者の行動変革を促進する必要があることです。それに手をつけずに規程やマニュアルを作っても、それは「仏を作って魂を入れず」に陥ります。まず、本章では、導入や再活性化に当たって、どのような考えを大切にすればよいかを述べます。

目標管理の制度と運用

簡単にできる制度

目標管理制度を導入するのは簡単です。帳票の様式を決め、期初と期中と期末のタイミングに上司が部下と面接を行うという、手続きを決めれば、それで制度ができあがります。社内スタッフが机の上でつくることも可能ですし、コンサルタントに依頼をしても、ここまでは簡単に進みます。

しかし、それだけでは、現場の目標管理はうまく進みません。なぜなら、目標管理は職場マネジメントの骨格です。上司と部下が考えを共有し、毎日のマネジメントを改革しなければ、ねらいに添った運用は担保されません。そのことは、すでに目標管理を導入されている企業は痛感されているはずです。

運用支援

そこで、目標管理の運用にむけて推進スタッフが行う支援が重要になります。これまで行ってきたマネジメントのやり方を変えるわけですから、抵抗もあるはず。特に、部下に指示通りの行動を求める管理者は、上司も部下も行動を変えることに抵抗があるはずです。このため、その抵抗を乗り越えるための職場への支援策が必要となります。

支援策の出発点はまず、目標管理に取り組む目的を知識レベルで理解していただくこと、次には、職場ミーティングの開催に後押しをすること、第3に職場で部下と上司が対話しやすい人事評価制度を準備すること等があります。運用支援に当たっては、職場の状況をよく把握しておくことが導入スタッフに求められます。

コラム 9-1

人事制度と従業員の感情

　一般的に人事制度を導入するときには、従業員の2つの反応を考えておく必要があります。第1は理性の反応です。こちらは、その制度がどこまで合理的に組み立てられているかに依存します。第2は感情の反応です。こちらは、理性の反応とは無関係です。人事部が提唱するからこそ反対だとか、カタカナ言葉や漢字が多くて堅苦しいから反対だとか、人事のやることは机上の空論だと思って反対するといった反応です。このような反応に対して、論理は何の説得力にもなりません。

　通常、企業で人事部門は「制度の番人」「事務官僚」等のイメージを持たれていると思います。現場を知らず、机の上で考えた思いつきの計画をそのまま現場に持ち込む、とイメージされていることが多いでしょう。

　そのような環境で目標管理を導入する場合、注意をすべきは「堅苦しくない演出」です。帳票のデザインを工夫したり、ざっくばらんな説明をしたりといった、人事と職場の距離を近づける工夫です。現場を支援するスタッフ部門ですから、現場の人たちにそれを理解してもらえる進め方をするしかありません。組織内マーケティングのセンスが必要です。

82 理解のための基礎的研修

基礎研修
第一線の管理者に対する基礎研修は、最低2日の日数がかかります。そのうち、1日は、目標管理の基本的な考え方と職場目標の設定に時間を使います。もう1日は職場と個人の関係を考えることに用います。つまり、職場での役割形成や個人目標の設定、OJT、人事評価などを内容とします。2日間のプログラムでは、時間の制約上個人目標、OJT、人事評価などを簡略版にせざるを得ません。できることならば、3日間の時間をかけた研修内容としたいところです。また、知識だけ習得すればよいという立場の方であれば、半日ないし1日の実務演習抜きのプログラムも考えられます。

実務演習
基礎研修で大切なのは、実務演習です。職場使命の熟考、職場目標の設定、役割マトリックスの作成などは説明を聞くとわかった気になります。しかし、それを職場の仕事で具現化しようと思うとなかなか難しいものです。従って、実務演習を行い、お互いにアドバイスを受ける場面が必須です。また実務演習で作られた作品は、職場に帰った管理者がミーティングを実施するときのたたき台として利用できます。研修を実践につなぐためにも、実務演習を行っておく必要があります。

目標管理は基本的な考え方は簡単ですが、組織のなかでそれを実践するときには、さまざまな思惑が入り交じり、実践の困難さが増します。基礎的な研修抜きでは形だけの実践になりがちです。

目標管理基本研修例

時間	1日目	2日目
9：00		講義と演習：役割マトリックスの作成
10：00	オリエンテーション	
10：15	講義：目標管理の基本的考え方	
11：30	講義：職場使命の熟考	情報交換：役割マトリックス
11：45	演習：職場使命を考える	
12：30		
13：30	演習：職場使命を考える（続き）	講義：個人目標と実行計画
13：45	講義：職場目標の設定	添削：部下の目標書
14：30	演習：職場目標を考える	演習：部下指導計画
15：30		講義：人事評価の公平性
16：00		終了
17：30	グループ討議：職場目標の吟味	
19：00	初日終了	

コラム9-2

人事部門の使命

　人事部門の役割を、事務サービス、従業員の擁護者、問題解決のパートナー、変革の仕掛け人といった言葉で表現することがあります。目標管理を実践するときには、人事部門は「目標管理を実践するための問題解決のパートナー」という役割を担うと考えてください。研修を受講した管理者がCMBOを実践しようとしたときに、その職場のメンバーに成功体験を持たせるためのテツダイをする役割。この役割を果たすために、人事担当者には集団思考のプロセスの専門家としての力量が求められています。

83 目標管理推進の原動力づくり

　目標管理を現場で運用するためには、社内で影響力のある方々から、マネジメント改革への賛意を得る必要があります。そのために着目すべきポイントは上層部と職場の核、及び推進スタッフ自身です。

上層部　経営上層部には、目標管理に取り組むねらいをしっかりと説明する必要があります。経営管理の立場にたつ上層部は、目標管理を、目標を基準にした人事評価と受け止めがちです。そうではなく、現場のマネジメント力を高め企業の競争力を強めるための持続的な取り組みとして、認識する必要があります。上層部にはCMBOのスポンサーになってもらうことが必要です。

職場単位　CMBOの運用には、職場に少なくとも2人の担い手が必要です。1人は管理者。もう1人は、その職場の実質的No.2。2人が核となって、ミーティングを運営します。この2人には、目標管理の各ステップのねらいや手法を十分に理解していただくことが必要です。それによって、時間や能力の制約、仕事特性に応じた、その職場らしい目標管理の展開が可能になります。2人のうち最低1人（望ましくは2人とも）はきちんと研修を受けておく必要があります。

推進スタッフ　推進スタッフは、プロセスの専門家であるとともに、CMBOへの取り組みの経営的意味をよく理解する必要があります。2つが説得力の源泉となり、職場を支援できる力に繋がります。

イノベーションの普及曲線

イノベーションの普及に関する古典的な理論に、ロジャーズの「普及学入門」があります。この理論を援用すると、目標管理推進の原動力となるのは、初期採用者。多くの場合は、各階層の若手実力者となります。初期採用者に相当する方の実践を支援することが推進事務局側の大事な心構えです。ついでに言うと採用遅滞者については無駄な努力をしないという割り切りも必要です。

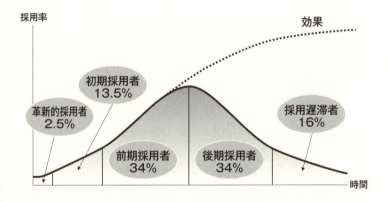

革新的採用者	新規性、差異化へのニーズに基づき採用
初期採用者	本質を認識して採用。影響力大
前期採用者	初期採用者を見て、模倣、調和のニーズにより採用
後期採用者	多数への同調（少数派になることを避ける慎重派）
採用遅滞者	伝統重視で最後まで採用しない

（出所　E.M.ロジャーズ著、宇野善康監訳『イノベーション普及学入門』産業能率大学出版部）

84
組織内での蓄積的展開

職場能力に依存　目標管理への取り組みは、職場のマネジメントを充実させ変革する取り組みです。一朝一夕には進みません。つまり、目標管理は、職場で上司や部下が行動変革を行い、力をつけるにつれて充実してくると考える必要があります。実践される目標管理のレベルは、職場の問題解決能力と対話能力の高まりに依存するわけです。従って、職場能力の高まりに応じて、順次、目標管理の内容を充実させる取り組みが望ましいのです。

質を高める手順　通常、次のような手順を踏んで質を高めます。当初の段階では、職場目標と役割マトリックスをつくることができる状態を目指します（期初重視）。ひととおり満足できるものができるまで2サイクルくらいはかかります。次の段階ではふり返りミーティングと面談を趣旨に添って実施することを目指します（期末重視）。こちらも2サイクルくらいかかります。第3段階で目標管理と人事評価の連動を目指します。また、この間、職場目標や役割マトリックスを年々書き換え、内容が変化することを重視して、事務局側でその変化をチェックしておきます。このような順序を考えておくと、3年、6回のサイクルでミーティング中心の目標管理が可能になってきます。

　加えて言えば、マンネリになった目標管理は、職場目標の設定を見直すことによって、再度充実を図ることが可能です。出発点は職場目標の充実にあります。

目標管理の展開計画

　私たちが計画をつくるとき、どうしても直近の計画が詳しく、その後はほとんど無計画となりがちです。それでは蓄積的な活動ができません。そこで次のシートに展開計画を整理することをお薦めしています。このシートに書かれた実施策の相互関連を矢印で結ぶと、大きな展開計画をつくることができ、担当者も関係部門の方も安心して取り組みやすくなります。

		1年目	2年目	3年目	4年目	5年目
目的	その年度のねらいの重点を明確にする					
広報活動	雰囲気づくりや方法伝達の広報方法を考える					
拠点づくり	全社を先導できるような職場づくりを考える					
研修活動	実施する研修会のイメージをつくる					
強制力	手続きやその他の方法で強制力を持たせ歯止めを打つ					

1．年度ごとの目的を鮮明に絞り、目的欄に記述する。
2．広報活動以下は実施策であり、目的に応じてその策を考える。

85 職場ミーティングの支援

後押し 研修を受講した管理者が職場ミーティングを実施するとき
に、その後押しをする作業です。コンサルタントもしくは
人事部門のスタッフが職場ミーティングに参加し、支援します。
最低限は期初と期末のミーティングを支援すればよいでしょう。
その効果を管理者や担当者が実感すれば、ミーティングが職場に
定着し、続けているうちに議論の内容が充実します。

オブザーバー効果 人事スタッフが職場のミーティングを支援する
場合、最低限でもオブザーバー効果がありま
す。第三者の存在によって、身内の恥をさらしたくないと参加者
が考え、まっとうな議論が行われるという効果です。この効果は、
ミーティングの席に同席しているだけで生まれる効果です。

ファシリテーション 一歩進んだ効果です。議論を促進するため
に、主としてプロセスを支援します。黙って
いる人の発言を促したり、質問をしたり、まとめたりして議論を
深めていく作業です。議論を方向づけるような発言も役立つ可能
性があります。

トレーニング もう一歩進むとトレーニング効果を生むことができ
ます。こちらは、コンテンツに対するアドバイスで
す。職場使命と任務の関連や、任務と目標項目の関連を吟味して、
不適切な時に考え直させる作業です。この段階までの支援ができ
れば、推進スタッフは問題解決のパートナーになることができま
す。職場の仕事をよく理解する必要があります。

スタッフの支援

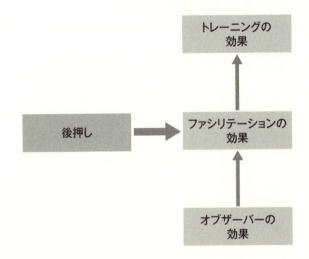

コラム 9-3

職場支援の副次効果

　人事スタッフが職場支援に出かけると、副次効果が生まれます。その第1は、スタッフが職場の仕事と人に詳しくなること。そこから問題意識も政策のアイデアも発生します。第2は職場の人々とスタッフの関係が強くなり、お互いに質問などがしやすくなります。第3は、ある職場の取り組み実例を別の職場に情報として流すことが可能になります。横展開の担い手です。このような副次効果は、人事部門がライン管理者の問題解決のパートナーとなる地力をつけることに繋がります。

86 目標管理の推進方法

　目標管理を社内で推進するに当たって、さまざまな方法をとることができます。大切なことは、一時的な活動に終わらず、持続的に推進活動を行うことです。推進活動の方法は右頁の図表のようにさまざまな方法があります。ポイントを説明します。

雰囲気づくり　CMBOを通じて、職場マネジメントの質を高めるという雰囲気を社内に育てるための活動です。推進スタッフの本気さを示し、管理者や社員の協力を引き出すための基盤となる活動です。

影響力づくり　83項で述べた、社内で影響力を持つ動きをつくり出す作業です。初期採用者に注視すること、第一線の職場管理者にしっかりと理解を深めてもらうことの2点が留意点です。できることならば、目標管理によって、業績が大幅に改善できた職場事例を生み出したいところです。

方法づくり　CMBOの実践に当たっては、職場の時間の制約やメンバーの能力、職務特性などによってさまざまな技法を活用する必要があります。そこには、自社に合った新たな技法の開発余地があります（第10章を参考にしてください）。それを開発し普及する活動です。

成功体験づくり　社内のどこかの職場での成功事例を公開していく作業です。褒賞効果を持つとともに、それが要求品質を示す効果を持ち、歯止め策としても有効です。

目標管理の推進方法

	雰囲気づくり	影響力づくり	方法づくり	成功体験づくり
	組織内に雰囲気をつくる	推進の核をつくる	新たな技法を開発する	成功体験を分かち合う
広報活動	社内報での周知 LANでの広報 説明会・講演会 視聴覚教材		マニュアル配布 事例集配布	社内報での事例紹介 LANでの事例紹介
拠点づくり	労使協議会	事例研究会	モデル職場 （ミーティング支援） 事例研究	ミーティング支援
研修活動	シリーズ研修 説明会	目標管理基本研修 事業計画作成合宿	目標管理研究会 トレーナー会議	研修フォロー
強制力		人事評価との連動 面接実施調査	LANでの目標書 公開	発表会 社外交流会

コラム 9-4

目標書の公開

　LAN上に目標書や役割マトリックスを公開することには、大きな効果があります。第1には、「恥ずかしいものを出せない」と考えることによる効果。きちんと考えて作成することに繋がります。第2には、「要求水準を示す効果」。他の目標書を見ることが、より高いレベルの目標書づくりに繋がります。第3には、「視点開発効果」。目標項目を考えるに当たって、他職場のとらえ方がヒントになるという効果です。第4には、調整効果。関連部門の目標書を読み、関連する仕事を事前に調整する効果です。

87 目標管理と教育研修

　目標管理に取り組む組織の教育研修は2つの考え方で組み立てます。

書斎の提供

　第1の考え方は、研修会場を書斎にするという考え方です。日常の仕事を研修会場に持ち込み、その場でSeeとPlanを行うという内容です。日常の仕事を整理する思考時間と場所を確保する意味を持ちます。このような研修においては、個人で仕事を考える時間と、他の人の仕事を素材に仕事を考える時間（これは事例研究となり、仕事をとらえる視野を広げる時間です）を繰り返すことが大切です。仕事を熟知する人がファシリテーターとしてそこに参加すると、議論を深めることができます。階層別の研修（昇格前研修とするとよい）としても職能別の研修としても開催が可能です。

スキル活用

　第2の考え方は、さまざまなスキル研修の活用場面として、目標管理の各ステップを結びつける考え方です。コミュニケーション・スキルに関する研修は、ミーティングや面談での話し方に応用ができます。同様に問題解決スキルに関する研修は目標設定や達成度分析のスキルとして活用することができます。どちらのスキルにしても、学習内容を受講者が実践する場面として、目標管理のステップを意識させておけばよいでしょう。

　蛇足ですが、一般従業員に対して、目標管理や人事評価の考え方を伝えることが大事であることは言うまでもありません。

コラム9-5

すっきり図法（目標による教育研修）

　研修効果の把握は、研修担当者が悩まされる問題です。この問題を解決するためにはJ.S.オディオーンが提唱した「目標訓練」が役立ちます。その考え方は、「研修受講後に受講者がどうなればよいのか」を想定して、そこにたどり着くように研修プログラムを設計するという考え方です。筆者はオディオーンが提唱した考え方をもとに「すっきり図法」という方法を提唱しています。下図のようなシートです。研修受講前の状態と受講後の状態を思い浮かべ、そのギャップを3つの角度から埋めるという発想でつくります。この図を作成して、すっきりした気持ちがすればうまくできているというところから「すっきり図法」と名づけています。

（参考　J.S.オディオーン著、清水勤訳『目標訓練』日本生産性本部）

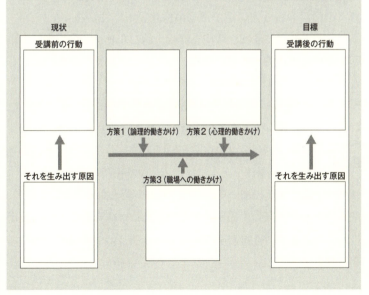

目標管理と職場開発

　CMBOは職場開発の取り組みそのものと言えます。それが職場のマネジメントの質を高めるからです。したがってCMBOをそのまま実施するだけでも十分な職場開発ですが、それをもう少し補強する方法もあります。

役割期待の交換
　第1は、役割期待の交換という方法です。これは、職場の担当者一人ひとりが他の人に期待する役割を列挙し、相手にプレゼントするという作業です。このとき、すべての仲間に最低でも1枚の期待を挙げるといったシバリをかけます。その場合、担当者は他者に対する関心の濃淡に気づき、他者との関係の持ち方に関する意識変化の可能性が高くなります。また、プレゼントされた期待を何枚も読むなかから担当者は中核的な期待と周辺的な期待、重視しなくてよい期待を理解することもできます。加えて、理解内容を仲間にフィードバックすることによって、自分自身に対する仲間の理解を深めることもできます。このような作業の積み重ねが職場の力を高めます。

役割設定
　役割交換は2つの作業を同時に実施していることになります。1つは、メンバーからの役割期待の理解。もう1つは自分が希望する役割の意思表明。それが行われることによって、個人のなかで、自分の希望とまわりの期待が統合され、役割設定に活かされます。それが職場のメンバー間での信頼感の高まりに繋がります。

役割交換シート

~に ~から	Aさん	Bさん	Cさん	Dさん	Eさん	職場に
Aさん						
Bさん						
Cさん						
Dさん						
Eさん						
勘弁して!						

〈準備物〉 模造紙、ふせんカード、サインペン

〈所要時間〉 90分

〈手順〉

1. 他の人に期待する役割をカードに記述してシートに貼りつける。

   →ルールのもうけ方にひと工夫をするとよい。

2. 書かれた役割を各人が読み、役割を引き受ける場合はその場所に残し、
   それを引き受けたくない場合は「勘弁して!」欄にカードを移動させる。

3. 「職場に」に貼られた内容を誰が引き受けるかを検討する。

4. 勘弁してもらいたい役割について、チームで話し合って調整する。

   →他の人が引き受ける場合もあれば、そのまま勘弁する場合もあって
   よい。

89 目標書の諸様式

この本で示したシートのサイズはすべてがA3です。しかし、職場で用いるシート（特に個人目標書）についてはサイズ、記入事項を含めさまざまな帳票が考えられます。ポイントは次の点です。

考えるための帳票

帳票設計に当たって必要なことは、「仕事について考える」帳票にしておくことです。これは、簡単に見えて難しい点です。なぜなら、仕事について考える能力は、ばらつきが大きいとともに、変化するからです。従って、基本原則は「現在の能力で、しばらく考えると書くことができる」という帳票が最も望ましい帳票です。また、紙のサイズも記入すべき内容に合わせた大きさでよいと考えてください。書くことが苦手な人に対してはA3ではなくA4やA5サイズを用いるのもひとつです。

目標書と評価書

目標書と業績評価書をまとめて1枚にするかどうかの選択です。1枚にまとめると、評価のための目標管理という印象が強くなります。そこで、CMBOでは2つを切り離すことをおすすめしています。ただし、個人目標書には自己評価までは書き込み、それが面談のメモを兼ねるようなシートがよいと考えています。それであれば、面談時にはすべての情報が部下に見え、業績評価書は上司だけが見るシートとなるので上司も負担感を感じずに面談に臨むことができます。

個人目標書のさまざまな例

◎個人目標書

役割	目標	難易度	実施策

◎個人目標書兼ふり返りシート

役割	目標	難易度	実施策	達成度	自己評価コメント

◎個人目標書兼業績評価書

役割	目標	難易度	実施策	達成度	自己評価コメント	一次評価者コメント	一次評価	二次評価	最終評価

　同じような考え方で職場業績評価シートをつくることも可能ですし、個人目標書の役割欄と目標欄を合わせて、「役割と目標」とするのも可です。

90 記入された目標書の活用

　記入が終わった目標書は、仕事に関する情報の宝庫です。工事で言えば施工図面ですから。スタッフがうまく活用できれば、組織実態を表す貴重な情報を入手することができます。

職場間のギャップ分析

ある事業に関連する職場の任務を組織図に添って並べ、繋がりを示します。本来であれば、任務の間には繋がりが見られるはずですが、実際には異なる方向を向いた任務を掲げている職場が見つかるはずです。そこに、組織間のギャップが発生していることが判明します。その場合、関連職場のリーダーが集まって、お互いの任務を調整する作業が必要となります。

職場の方向性分析

各職場の使命を情報源にして、親和図で統合し、企業全体が向かっている方向を明らかにする作業です。同じ目的で職場の任務を用いてもよいです。できあがった親和図の図解を経営方針と照合することによって、トップの方針が、どの程度組織に浸透しているのかを、チェックすることができます。

仕事のカタログ

従業員が社内にあるさまざまな仕事を知るための仕事のカタログとして活用します。職場目標書にアクセスできるだけでも従業員にとっては貴重な機会になりますし、役割マトリックスにアクセスできれば、より具体的に職場の仕事を知ることができます。従業員のキャリア設計を支援するための方法としても目標書が役に立つのです。

仕事データとしての目標書の活用

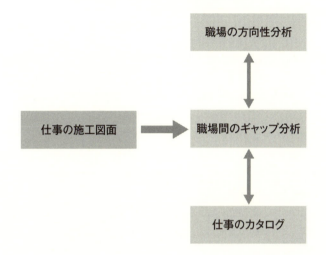

コラム9-6

人事の専門用語

　人事部門には職場では使われない独特の専門用語があります。その代表例が人事考課、職能基準、最近の用語ではコンピテンシー。これらの専門用語は、人事担当者間で厳密な議論をするときには必要です。しかし、職場で働く人たちにとっては、その厳密さは不要です。人事評価、等級基準、行動特徴といった、より日常的な言葉に置き換えた方が、身近なこととして受け止めてもらえるようです。自ら専門用語を使ってラインの方々との距離を遠ざけるのではなく、ラインの方々と共有できる言葉を使って説明する力が求められます。

おまけのコラム⑨

長時間労働とインプットの目標

　職場主義目標管理では目標を「達成状態のイメージ」に限定していま
す。それはつまり、主として仕事のアウトプットに着目して目標をつく
ろうとする考え方です。ただし、仕事である限り、そこには効率を追求
するという制約がかかっています。従って、達成状態のイメージは、そ
れまでに投入されたインプットとアウトプットの比率として描かれるこ
とが望ましいわけです。

　製造現場の目標として「省人化」や「省力化」が掲げられるのは普通
です。同じアウトプットを得るのに投入するインプットを減らして生産
性を高めるという目標ですね。ところが、営業部門やスタッフ部門では
「省人化」や「省力化」を目標に揚げる方は少ないのが実態です。それ
が日本の組織のホワイトカラーの生産性が高まらない理由の1つではな
いかと思います。

　ホワイトカラーの職場において、「実労働時間あたりのアウトプット」
を表しうる目標項目を探索する作業が、長時間労働を排し生産性を高め
ることに繋がると考えています。

第 **10** 章

いろいろな
目標管理

　これまでの章では、平均的な職場を念頭に置きな
がら目標管理の進め方を述べてきました。しかし、
実際には目標管理はさまざまな職場で実務展開され
ます。時間の制約が厳しい職場、特殊な仕事特性を
持つ職場。規模の大きい組織の職場と小さな組織の
職場。そのような違いのなかでCMBOをどのように
実践するのかのイメージを第10章でお伝えします。
特に多くの方が働いておられるサービス産業につい
ては少し多めに説明をします。

91 大手企業の目標管理

　大手企業の場合、CMBOを実践するときに留意すべき事項が2つあります。

戦略目標単位

　第1は、組織の階層が何階層もあるが故の難しさです。すべての階層でミーティングを行うと、職場の管理者は、複数のミーティングに出席する必要があり、期初・期末の時間的な負担が大きくなります。これに対処するためには、第一線職場での目標管理を重視し、その上の階層ではミーティングを省略することも良しとします。また、第一線職場ではなく、戦略目標単位という考え方をとることもあります。最も必要な組織単位でのミーティングを最優先するという考え方です。

二重帳簿

　第2は、業績評価との関連です。大手企業の場合、ほとんどは目標管理と業績評価が結びついています。従って、部下とともに作成した職場目標が管理者の評価基準ともなるわけです。挑戦的な目標をあげれば、達成度が低くならざるを得ません。このため、目標のレベルを下げて達成度を高める戦略をとりがちです。

　これに対する対応は2種類あります。1つは、難易度の評価をきちんと行うこと。もうひとつは、職場目標書を職場のマネジメントの道具と割り切り、上司には別の目標書を提出するという方法です。部下を結集させる作業と、上司への報告書を分けてしまうと考えればよいわけです。

コラム 10-1

大手企業の人事評価

　大手企業の人事評価は、評価のヨコ比較が難しい問題となります。仮に、職制のラインが　本部長－事業部長－部長－課長となっているとします。その場合、評価力調整会議は、部長単位の調整会議、事業部長単位の調整会議、本部長単位の調整会議と3段階もの調整会議が必要になります。ところが、本来の意味で行える評価力調整会議は部長単位。その上になると、担当者を直接知らず、印象的評価しかできない状態での調整作業となります。

　このようなとき、我々が現実にとる方法は2つあります。1つは指標人物と指標業務を共有するという方法です。特定人物の特定業務を事前に決めておき、その人物についての評価を議論することによって、判断基準を揃えるという方法です。第2の方法は統計的な方法です。平均値と標準偏差を計算し、評価結果の差が評価基準の甘辛によるものなのか（評価者の個人差によるものなのか）、正当な差であるのかを議論のなかで決めていくという方法です。

92 中小企業の目標管理

　中小企業の場合、組織階層が少なく、多くの場合はオーナー社長であるという特徴があります。このような場合、会社ぐるみの目標管理を展開することができます。

全社目標
　まず、第1段階は、経営層（トップや部門長）を単位に職場目標書をつくります。可能であれば、前期のふり返りを部門長の討議で行います。その上で、会社の存在理由をトップが考え、会社の任務や目標項目を部門長の討議で決めていきます。場合によっては存在理由そのものも部門長の討議で考えることもあります。その上で各部門が担当する任務を役割マトリックスと同様のシートを用いて討議をするという進め方です。トップレベルなので1泊2日のオフサイト・ミーティングを設定するのが通例です。社長はアドバイザー役に徹するのがポイントです。

部門目標
　第2段階は、部門長とその部下を単位とする職場目標づくりです。こちらは通常の職場主義目標管理と同様の手順です。ただし、職場の使命を熟考するステップを省略し、部門の任務を与件として目標項目、目標レベルを考えるという進め方が多くなります。もし、職場の使命を考える場合は、全社目標で設定された部門の任務を上位組織の期待ととらえた上で、期待の列挙から使命の熟考へと進みます。

　全社ぐるみで目標管理を実施した場合、オーナー社長と社員の距離感が近づくという副次的な効果も期待できます。

コラム 10-2

中小企業の人事評価

　中小企業の人事評価は、評価力調整会議にトップが出席できるところに特徴があります。中小企業の場合、人事担当は置けても総務担当となるケースが多いため、トップも人事に関与せざるを得ません。その結果、評価力調整会議をそのまま最終評価決定会議にすることができます。

　ただし、トップの発言は結果を大きく左右します。また、トップは社員の行動の一断面を見て印象的な評価に陥りやすいという傾向もあります。従って、トップは、部下の議論を十分に聞くというスタンスで会議に出席する必要があります。また、評価者も素直に意見を述べることが必要です。

　次に、中小企業の場合、数少ない人材を最有効に活用する方策を考える場として、評価力調整会議を位置づけることができます。つまり、出発点から評価育成会議とすることが可能です。その場で、将来の幹部候補にこの一年、どんな経験をさせるのかを論じておくことで、OJT計画も同時に作成することが可能になります。こちらの段階ではトップの意向を前面に出せばよいと考えてください。

93 部門の役割による目標管理の違い

　企業の組織部門には、企業業績に対して直接貢献するライン部門と、間接的に貢献するスタッフ部門があります。

直接貢献部門

　直接的に貢献する部門の成果を大きくとらえると、計数的に把握できる成果と、顧客満足の2つがあります。計数的に把握できる成果については、予算統制制度が準備されている企業が多いと思います。その場合は、予算を目標として取り込むことができます。また、製造部門などは物量会計も実施されているでしょうから、それも職場目標に取り込むことができます。いっぽう、顧客満足についてはじっくりと考えることが必要です。営業部門であれば、代理店やお客様のニーズを満足させること、製造部門であれば、営業部門のニーズを満足させること、それを考えることが必要です。

間接貢献部門

　間接貢献部門の目標設定は一般的には難しいといわれています。しかし、サービス提供相手の満足度に注目をすれば目標設定はさほど困難ではありません。ただし、間接貢献部門の顧客は他部門である場合もあれば、研究開発部門のように将来の経営が顧客の場合もあります。従って、間接貢献部門は、職場の使命をしっかりと考え、自らの貢献対象を明確に意識することが大切です。目標設定に当たっては、定性的な目標項目が多くなります。そのときには、「顧客（貢献対象）がどんな状態になれば良いのか」「顧客がどういってくれればよいのか」をしっかりと考えてください。

コラム 10-3

間接貢献部門の業績評価

　業績評価には目標の妥当性、目標の達成度、目標外業務の成果の3つの角度からの評価が必要です。このうち、定量目標の達成度は、到達度評価によって紛れのない評価が可能です。ただし、間接貢献部門の場合、定性的な目標が増加するため、達成度評価も認定評価の比率が高まります。もし、上手に目標項目が設定されていれば、そこには貢献対象部門の満足度に関する項目が含まれているでしょうから、それに対する到達度評価を行えばよいことになります。つまり、貢献対象部門の意見を聞いて評価を行えばよいわけです。もし、貢献対象部門の意見が十分に把握できない目標項目であれば、その場合は複数の専門家による認定評価を突き合わせ、専門家の合意による認定評価を行います。

　目標の妥当性や目標外業務の評価については、上位者が認定評価を行い、それを上位評価者の間で吟味をして合意を形成したものを評価とします。

94 職務特性による目標管理の違い

　ここでは職務特性を、求める成果と手段の不確実性という2つの要素で考えてみます。2つの確実性が高いのが製造部門、双方の不確実性が高いのが研究部門とイメージしてください。

目標も手段も不確実な場合

基礎研究や新事業探索といった仕事がこれに相当します。やってみないとわからないし、やり方もわからないので、探索的な作業を開始し、作業の進展とともに手段も求める成果も徐々に明らかになるような仕事。このような特性を持つ業務においては、目標管理の実施は困難なところがあります。ただし、ミーティングの効果はより大きくなります。CMBOと関連づければ、任務や役割だけは明確にできるので、そこだけを確認し、目標項目と目標レベルは明確にしないままにするのが現実的です。もし目標項目が明確にできる場合には、目標レベルに幅を持たせるという方法を使うことができます。

目標が明確で手段が不確実な場合

開発研究、事業開発、プロジェクト等です。一定期日までに得るべき成果のイメージがはっきりしているものの、そのための手段は不確実という状態です。この場合、期待される成果は明確ですから、目標はしっかり設定できます。ただし、実行計画は探索的にならざるを得ませんので、実行計画にこだわる必要はなくなります。目標によって日々の仕事を工夫しながら自己統制するという、目標管理に最も向く職務特性になります。

コラム 10-4

研究開発部門の業績評価

　研究開発部門の業績評価は、簡単ではありませんが、基本的には次のように考えてください。

　基礎研究部門：研究の時間幅と業績評価の時間幅が合致しないため、目標到達度を基準にした業績評価は困難です。むしろ業績評価の例外ルールをつくり、一定の評価で固定する方がよいと筆者は考えています。行動評価については、同期入社者の昇格ペースの中上位となるような評価を行うのがよいと考えています。

　商品化研究部門：商品化研究部門は、研究の納期が決められていますので、目標項目の達成度を評価すればよいです。難しいのは、商品化が終わった後の事業へのインパクトの評価となりますが、それについては評価対象から外す（当該期間の業績ではない）とせざるを得ないでしょう。

　研究開発部門は企業競争力の源泉です。優秀な人材が配置されていることが多いとみなし、一般従業員の評価ルールを厳密には適用せず、例外扱いをルールとして、政策的に問題を解決するのが良い方法です。

95 パートタイマーの目標管理

オフィス
パートタイマーの方のうち、オフィスで勤務する方には、正社員とおなじ目標管理を適用してください。職場ミーティングに参加し、個人目標も設定する。勤務時間が短時間であっても社員と類似の仕事をしていることが多いからです。配慮しなければならないことは、ミーティングに参加する時間を勤務時間として扱うことくらいでしょう。

接客サービス
接客サービスの現場で働くパートタイマーの方については、目標管理の適用には工夫が必要です。シフトを組んでいるが故に全員が集まれない、ミーティングにせよ、面談にせよ、営業時間中の開催は難しいといった事情があります。従って、最小限のミーティングで最大の効果を出す運営方法を考えることが必要です。一定期間を区切って「1人1テーマ」という形で目標設定するなどの工夫が必要です。

製造職場
製造現場で働くパートタイマーの方についてはオフィスと同様に考えることができます。職場によってはパートタイマーの方が中心となっている場合もありますので、目標設定と改善活動とを同時にできるような形を考えるのがよいでしょう。

目標管理については、パートタイマーの方と正社員とを区別する必要性はありません。問題となるのはミーティングや面談の時間をどう確保するのかという点だけだと考えてよいでしょう。

コラム 10-5

第10章 いろいろな目標管理

パートタイマーの人事評価

パートタイマーについては、人事評価を行わない企業が多いと思います。しかし、パートタイマーの方々の能力が高く、基幹従業員化を図っている企業では、人事評価を実施することも考えられます。その場合、業績評価と行動評価を分割するのではなく、少し簡単な人事評価シートを準備するとよいでしょう。

パートタイマー向けの人事評価を実施する場合、1つは役割達成度を評価し、もう1つは、業務遂行度を評価すると考えます。

業務遂行度はパートタイマーが担当する業務を大括りに表示し、その遂行度を5段階程度で評価を行うという評価方法です。

◎パートタイマー向け人事評価シート例

役割と目標	達成度	自己評価コメント	上司コメント	一次評価	最終評価
					✕

業務遂行度評価	評価	自己評価コメント	上司コメント	一次評価	最終評価
陳列能力					✕
棚卸し能力					✕
事務管理能力					✕
接客能力					✕
総合評価					

パートタイマーが担当する業務内容を列挙する。

235

96 介護施設職員の目標管理

介護施設の目標管理については、お役立ち（役割）カードという方法があります。介護施設は、各々の施設を独立した職場ととらえることが可能ですので、それを前提としたCMBOの応用です。

幹部職員 その施設運営の中心となる幹部職員については、施設の使命→施設目標の設定→役割マトリックス→個人目標→実行計画という通常のCMBOの目標設定を行います。その後の運用も通常のCMBOと同じです。

介護職員 直接介護に当たる職員については、お役立ちカードを用います。それは、毎月の行事に対して自分が貢献する方策を1人あたり1項目ずつ、自己申告します。達成イメージを目標にすることにはこだわらず、お役立ちができるものであれば何でもよいとします。つまり、仕事を進める上での留意点であったり、心構えであったりしてもよいのです。施設行事に対して貢献する角度から考えることだけを求めます。掲示板で、お互いの目標を確認できるようにしておき、頑張っているとまわりの方が思えばサンキューメッセージを送る仕組みを準備して、フィードバック情報が得られるようにします。半年間の取り組みをもとにした面談を期末に行い、上司と部下とが話し合う仕組みです。

でん太 お役立ちカードをスマートフォン上で実践できる「でん太」というアプリ（http://www.motto-asunaro.com/product/denta/index.html）があすなろ社から発売されています。他の接客サービス業でも活用できます。

でん太の画面

月初：施設の月間計画を確認し、自分で考えたお役立ち（役割）をスマホで登録。他のメンバーのテーマも一覧できる。

月中：サンキュー・メッセージを送付。個人にコインが貯まる。

月末：貯まったコインを確認。

〈月間テーマ〉　〈役割カード〉　〈テーマ一覧〉

〈サンキューメッセージ〉　〈個人カード〉

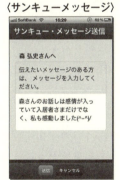 

97 協同組合職員組織の目標管理

　協同組合には、組合員の状態を向上させる問題解決の運動を、事業によって持続させるという存在理由があります。また、職員組織の存在理由は、組合員の委託を受けてその存在理由が果たせる仕事を組み立てることにあります。加えて、民間企業に比べると、管理職の意識が、職制というよりも仲間代表という意識が強いようです。それ故、協同組合では2つの側面を意識した目標管理を実践することが必要です。

職場使命の確認　協同組合の職場では、組織全体の存在理由（抽象度の高い使命）は共有されているものの、それを具体的な仕事と関連づけることが苦手なようです。このため、組織の使命と各職場の存在理由を関連づける作業が重要になります。この作業を十分に行うため、職場の存在理由をミーティングで議論することも可能です。その上で、任務をしっかりと考えることで、職場の方向性を共有することが大切となります。

理念入りの行動評価　もういっぽうの側面は評価基準に組織の理念をきちんと織り込むことが必要です。協同組合において大切な能力は、単なる技能ではなく、理念と一体化した技能です。それを言語で表現し、評価基準につくり上げる作業が大切になります。

　これらを行うことによって、協同組合の職場を目標管理と人事評価の2つの角度から方向づけることが可能となり、職場レベルでの事業と理念の両立を可能とします。

協同組合の行動ガイド作成例

◎評価局面の設計

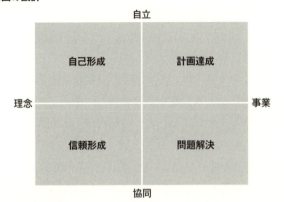

◎着眼点の発想と文章化

評価局面	着眼点	行動例
計画達成	・職場目標・方針の理解	・生協全体や職場の課題をよく理解し、職場目標の達成のために積極的に役割を分担する。
	・実行計画の作成	・上司や先輩の期待、関係部門との連携、職場全体のスケジュールを意識した実行計画を立案する。
	・ねばり	・業務遂行に当たっては、目標にこだわってねばり強く行動する。
	・関係性の理解	・人の話をよく聞いて理解するとともに、自分の仕事の目的や組合員に及ぼす影響を考えて行動する。
	・ケアレスミスの排除	・チェックすべきところを確実にチェックし、ケアレスミスを防止する。
	・ふり返り	・常に自分の仕事のふり返りを行って次の仕事に活かすとともに、同じ間違いを二度としないように努める。
信頼獲得	・心ある応対	・社会的マナーを身につけ、相手に対して誠意を持って応対する。
	・電話応対	・電話は自分の名前を名のるなど、基本的マナーにそって誠実、正確に応対する。
	・業務の遂行と締切厳守	・仕事を決められた方法で、期日を守り最後まであきらめずにやり遂げる。

98 病院組織の目標管理

　病院組織は、専門家が職能別に組織され、かつ、医療行為はシフトを組んだチームで行われるという特徴があります。また、事務組織や栄養など、人数が少ない組織と、看護部のように多人数の組織が混在します。このため、目標管理の展開にも少し工夫が必要です。

幹部職　第1段階の目標設定は、病院の幹部（各職能部門のトップ）による病院全体の目標設定です。病院の存在理由から、病院目標までをつくる作業をミーティングで実施します。

各部門　各部門はそれにもとづいて職場の目標をつくります。多人数の部門では、職能部門の長と主任を含めたチームでミーティングを行い、職場目標と役割マトリックスのたたき台を作った上で、面談を行って、担当者の考えを取り入れるという方法で展開します。

看護部門　看護部門は、規模によりますが、師長を中心とする看護部の幹部で、看護部門の部門目標を作成した上で、主任を交えたミーティングによって、個別の職場目標を作成します。もし、ミーティングの時間を確保できない場合には、師長が主任と個別に相談をしながら、職場目標を作成します。役割については役割マトリックスもしくは簡易役割マトリックスのたたき台を作成の上、面談で担当者の意見を取り入れます。たたき台とその修正のやりとりで職場での仕事の理解を深めます。

病棟看護部の職場目標書例

任務	目標項目	目標レベル	主な実施策	師長	A主任	B主任
チーム医療のなかで看護師の役割を十全に果たす。	①プライマリー患者の病状と生活背景の把握と家族状況の把握度 ②カンファレンスのコーディネイト件数 ③退院日までのサマリー記入件数	①スタッフの5割以上がプライマリー患者・家族の把握がおおむねできたと感じることができる状態。 ②スタッフ全員が半年で3件以上カンファレンスのコーディネイトをチームの協力を得てできる。 ③退院日までのサマリー記入が5割以上。	①師長と主任で入院時の看護要約の情報を確認しプライマリーへ指導。	△	◎	○
			②主任とリーダーでカンファレンスのコーディネイトをプライマリーへ依頼する。	◎	○	○
			③師長が退院が決まり次第プライマリーへサマリー記入を依頼する。	◎	△	△
病棟の専門性を高め、看護部活動の質を向上する。	①学習会の件数 ②症例または看護研究をまとめる準備の出来具合	①NST・緩和ケアの学習会に毎回複数参加できる。部会・L会・チーム会での学習と昼礼を週1で行う。	①各チーム会で学習会の企画を主任がリーダーと教育委員とともに立案する。		◎	◎
		②チームで1例症例、または看護研究をまとめた状態。	②チーム会での症例または看護研究をリーダーとともにチーム会で検討できるよう指導する。	○	◎	◎
病棟建設に病棟看護師として貢献する。	①図面作成の協力度 ②「健康大辞典」への協力度 ③建設の進捗状況の把握度	①職場の意見を80%以上反映できたと感じる状態。 ②半年でスタッフの3分の1以上のメンバーが健康チェックに参加できた状態。 ③建設について現状を知っているとスタッフの80%以上が感じることができる状態。	①チーム会・L会・部会で建設への意見交換の場を設定する。		◎	
			②チーム会で班会メニューをつくり、健康チェック参加の準備を指導できる。	◎	◎	○
			③チーム会・L会・部会で随時情報提供を行う。			◎

注：簡易役割マトリックスの人数は紙面の都合で3人だけに限定している。

大学職員組織の目標管理

　　大学の職員組織は現在、大きく姿を変えつつあります。従来の
事務処理部門から、教育事業の運営管理に仕事内容がシフトしつ
つあるようです。理事会・教授会とともに、職員組織の強化が大
学全体の魅力度のアップに繋がる時代になっています。

職場の存在理由
　　職員組織が目標を設定する前提条件は、理事会の
決定事項です。それを、そのまま職場の任務に取
り込むことも可能ですが、望ましいのは、理事会の決定事項を職
場に対する期待ととらえ、学生や親などの関係者の期待も把握し
た上で、職場の使命をじっくりと考えることです。なかでも、学
生との接し方に関して、どのような期待がされているのかを考え
ることが大切となります。そこに、職員の教育活動とサービス業
務のウエイトを考える情報があるからです。

職場目標
　　職場目標と役割マトリックスについては、職員組織だか
らといって特に変わった取り組みが必要なわけではあり
ません。ただし、大学教育の受益者のとらえ方に注意が必要です。
学生自身も受益者ですが、就職先の企業、親、大学そのものも職
場の受益者となります。あるサービス業務の受益者が誰なのかを
しっかりと把握し、受益者の満足度を目標として設定していくこ
とが必要です。同時に事務処理の効率も重要な目標項目になりま
すから、2つの角度の目標項目をバランス良く設定することが必要
です。

大学組織における目標管理の導入

大学組織における目標管理は職員の能力開発の一環として夏休みを利用した研修を丁寧に実施することで、趣旨に添った目標管理の導入が可能になります。参考までに図示します。

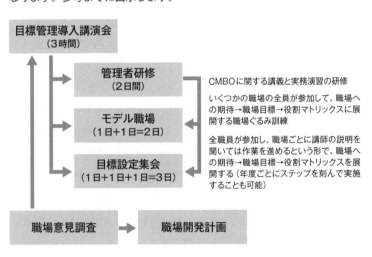

◎大学職員の目標項目例

存在理由	業務領域	目標項目例	
教育資源の組織化	ファシリティー・マネジメント	教室の清掃状況 建物の整備状況 教育機器の使いやすさ	食堂の使いやすさ 図書館の充実度
	人的資源の組織化	受験者数 入学者数 同窓会の組織化程度	教員の研究能力 教員の教育能力 教員応募倍数
	金銭的資源の組織化	寄付金獲得金額 研究資金獲得金額	入学金収入 授業料収入（滞納率）
学生支援サービス	学習支援 就職支援	図書館利用率 就職率	学習相談の利用者数 Aランク企業就職者数
教員支援	研究支援 授業支援	書類作成業務の容易さ 教材開発の進めやすさ	出欠管理の容易さ TAの支援能力

公的機関の目標管理

　公的機関の仕事内容は多様です。民間同様に採算を管理するべき仕事もあれば、純粋に公的サービスを行う仕事もあります。採算の管理が必要な業務について、目標管理は民間と同様に考えればよいと思います。純粋な公的サービスについては2つのポイントで目標を考えます。

職場の使命
　まず考えなければならないことは、職場の存在理由です。日常的に遂行している業務の存在理由を確認する作業と考えてください。職場のリーダーが個人で行うことも、職場のメンバーとともにミーティングで考えることもOKです。民間企業と異なる点は、公的部門の場合は、法律や条令に基づいてその部門が設置されているわけですから、それらを確認しながら関係者の期待を把握する作業が必要です。

職場目標
　職場の使命と関連づけて職場の任務や目標項目、目標レベルを考えること、役割マトリックスを考えることなどについては民間企業と異なるところはありません。ただし、サービスの受益者の満足度を中心とした目標項目を考えるところが大切です。

　受益者重視の目標設定を行うことによって、現在行っている住民サービスに新たなやり方を開発できる可能性を拓くことができれば、公的部門の目標設定としては素晴らしい目標設定ができていると考えればよいでしょう。

コラム 10-6

公務員組織での目標管理導入

　公務員の組織は、自治体の単位であっても大企業並みの人員を抱え、取り組む仕事も消防活動や公民館といった直接住民に見えるサービスから都市計画といった業務まで、広範な範囲に業務が広がっています。このため、一律のやり方で目標管理を実施することは民間大企業以上の難しさがあります。

　そこで、考えるべきことは、部門ごとに目標管理を展開していく。一定期間を区切り、特定部門で目標管理を導入し、それを順次広げていくという方法です。

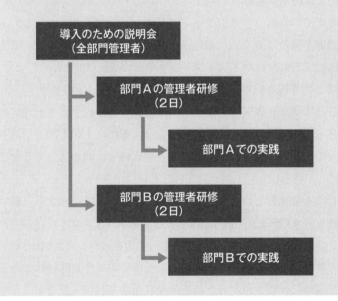

おわりに

　筆者が目標管理に携わってから35年が経過しました。当時勤務していた企業で教育担当となり、はからずも目標管理の世界に深入りしてしまいました。

　その間、成果主義人事のブームなどもあり、目標管理は日本のほとんどの組織で取り組まれるようになりました。しかし、その効果を発揮できている職場は必ずしも多くはありません。その原因は、職場目標と役割が十分に吟味されないまま、個人目標の達成度にこだわってしまうことにあります。問題は、個人目標を設定する前段階にあるのです。

　考えてみれば、マネジメントの基本は、課題を明らかにし、その課題を解決できる人に課題解決を委ねることにあります。そこが稚拙であれば、マネジメントの生産性は高まりません。つまり、職場目標管理を充実させることと、マネジメントの生産性を高めることは、同じ事実を異なる角度から見ることにすぎません。仕事をとらえる現場的知性を高めること、それに上司と部下が取り組むことが最も早道です。この本を書き終えて改めて思うことです。

　この本で紹介した考え方やハウツーは勤務していた企業（株式会社カネカ）や筆者を起用してくださったクライアント企業の方々、あるいは、長い期間にわたってともに学習を続けてきたMBO研究会の皆さんとの接点で生まれてきたものです。感謝感謝のひとことと同時に、皆さんが日々創造的な仕事を続けてくださることを

おわりに

願わずにはおれません。

　旧著となる『仕事テキパキ　目標管理活用学』『目標管理を活かす面接対話活用マニュアル』の内容を転載させていただくことを出版元の産労総合研究所には快諾いただきました。

　東洋経済新報社の中村実さんには、旧著以来、筆者の出版活動を支援していただき、またおだてに乗って仕事を楽しませていただきました。また、ふるはしひろみさんは、筆者が伝えたいニュアンスをわかりやすいイラストに描いてくださいました。ありがたいことです。

　筆者を支えてくれ、講義のネタになってくれた家族（奈美子、愛子、心太郎、由喜子）に普段言えないお礼を述べることをお許しください。苦しみも喜びも家族が与えてくれればこそ仕事に力を注ぐことができたと思います。

本気

本気になると
世界が変わってくる
自分が変わってくる

変わってこなかったら
まだ本気になってない証拠だ

本気な恋
本気な仕事

ああ

人間一度

こいつを

つかまんことには

坂村真民『詩集　念ずれば花ひらく』(サンマーク出版)より

【著者紹介】
中嶋哲夫（なかしま　てつお）

1948年生まれ。京都大学経済学部卒業。20年間の企業生活（鐘淵化学工業株式会社、現株式会社カネカ）において、企業内ベンチャー、営業、人事の業務を体験。人事部門では、社員教育と人事企画を担当し、目標管理制度の運用に従事。その中で、仕事を通じて学ぶ目標管理の考え方に共鳴し、その考え方と実践ノウハウを現場管理者とともに開発する。

1991年に退社し、人事教育コンサルタント。産労総合研究所MBO実践研究所顧問を務めた後、MBO実践支援センター（事務局（株）MC&P）を設立。代表として職場主義目標管理の普及に従事。良い職場づくりを目指す人事担当者と管理者を支援する。数多くの企業において、目標管理を活かした職場づくりを指導している。

この間、大阪大学大学院国際公共政策研究科に進み、人事評価データや賃金データの統計解析を研究。2007年に博士（国際公共政策）。現在、大手前大学、大阪商業大学大学院にて非常勤講師を務める。

著書に、『岐路に立ったら読む　ライフマネジメント』（共著、中央経済社）、『目標管理ハンドブック』（共著、経営書院）、『人事の経済分析』『人事の統計分析』（共編著、ミネルヴァ書房）など。

正しい目標管理の進め方
成果主義人事を乗り越える職場主義の MBO

2015 年 2 月 5 日発行

著　者——中嶋哲夫
発行者——山縣裕一郎
発行所——東洋経済新報社
　　　　　〒103-8345　東京都中央区日本橋本石町 1-2-1
　　　　　電話＝東洋経済コールセンター　03(5605)7021
　　　　　http://toyokeizai.net/

ＤＴＰ…………アイランドコレクション
装　丁…………江口修平
イラスト…………ふるはしひろみ
印　刷…………東港出版印刷
製　本…………積信堂
編集担当………中村　実

©2015 Nakashima Tetsuo　　Printed in Japan　　ISBN 978-4-492-53355-0

　本書のコピー、スキャン、デジタル化等の無断複製は、著作権法上での例外である私的利用を除き禁じられています。本書を代行業者等の第三者に依頼してコピー、スキャンやデジタル化することは、たとえ個人や家庭内での利用であっても一切認められておりません。
　落丁・乱丁本はお取替えいたします。

東洋経済の好評既刊

やる気が出なくて仕事が嫌になったとき読む本

菊入みゆき 著　四六判並製　定価(本体1200円+税)

「仕事、つらいな」と思ったら

チェックリストと性格別、状況別の分析で「やる気のもと」を探します。モチベーション研究の第一人者がわかりやすく解き明かします。

主な内容

- 第1章 ▶ やる気っていったい何?
- 第2章 ▶ 自分のやる気を観察しよう
- 第3章 ▶ チェックリストで自己分析
- 第4章 ▶ 状況別、性格別の　　やる気を出す方法
- 第5章 ▶ モチベーションを高める　　ちょっとしたヒント
- 第6章 ▶ 上司とやる気は密接に関係する
- 第7章 ▶ やる気向上の方法

東洋経済の好評既刊

寝る前10分
人生を変える
ココロノート

5年後、必要とされる人材になる!

河合 薫 著　四六判並製　定価(本体1300円+税)

今のキャリアに満足できない、
これから先の人生が不安、
というビジネスパーソンに贈る!

変化の激しい現代、5年後、あなたの仕事、
あなたの会社はどうなっているのか。
5年後に必要な人材になるために、
今、何をすべきかを解説。

主な内容
- プロローグ ▶ 5年後、必要とされていますか?
- レクチャー1 ▶ ココロノートとは
- レクチャー2 ▶ 自分史を作る
- レクチャー3 ▶ サクセスストーリーを作る
- レクチャー4 ▶ マイ・キャリアを作る

東洋経済の好評既刊

パワハラ防止のための
アンガーマネジメント入門

～怒り、イライラのコントロールで
職場は変わる！　成果が上がる！

小林浩志 著　　四六判並製　　定価（本体1500円＋税）

6秒数えて、怒りを抑えよう

人間関係が良好で、生産性の高い職場は必ずつくれる！
1970年代にアメリカで始まった、怒りの感情と上手につきあう
心理トレーニング法を解説。

主な内容
- Ⅰ ▶ パワハラを知る
- Ⅱ ▶ アンガーマネジメントとは何か
- Ⅲ ▶ 怒りの性質を知っておこう
- Ⅳ ▶ パワハラ防止に役立つアンガーマネジメント・テクニックの使用例
- Ⅴ ▶ 資料編
    アンガーマネジメント・テクニック30

東洋経済の好評既刊

これが「話し方」の基本です

野村正樹 著　四六判並製　定価(本体**1200**円+税)

76のポイントでみるみる身につく!

シーン別、性格別、タイプ別の話し方の秘訣とは。
学校では絶対に教えてもらえない話し方の基本とルール。

人間関係は「話し方」が9割?!

主な内容

- 第1章 ▶ これが、話し方の「基本ルール」だ!
- 第2章 ▶ もっと「上手に話す」技術
- 第3章 ▶ 「コミュニケーション力」アップの鍵
- 第4章 ▶ 「シーン」別・話し方の秘訣
- 第5章 ▶ 「性格別」の話し方、「タイプ別」の接し方
- 第6章 ▶ 「会話の達人」はここが違う

東洋経済の好評既刊

これが「人間関係」の基本です

北森義明 著　四六判並製　定価(本体1200円+税)

驚くほど人づきあいがラクになる!

オフィスでも、飲み会でも、とにかく人が集まるところで、絶対に役に立つ本です。

職場は「人間関係」がすべて!

主な内容
- 第1章 ▶ 自分と出会う、自分とふれあうために
- 第2章 ▶ 相手を受け入れるために
- 第3章 ▶ 「関係」を深めていくために
- 第4章 ▶ 仲間と信頼しあうために
- 第5章 ▶ こんなひと工夫でウマくいく